AF296681

PROCÈS

DU MARÉCHAL NEY,

OU

RECUEIL COMPLET

*Des Interrogatoires, Déclarations, Déposi-
tions, Procès-Verbaux, Plaidoyers, et
autres pièces rapportées textuellement.*

N°. III.

A PARIS,

CHEZ L. G. MICHAUD, IMPRIMEUR DU ROI,
RUE DES BONS-ENFANTS, N°. 34.

M. DCCC. XV.

PROCÈS

DU MARÉCHAL NEY.

CHAMBRE DES PAIRS.

Séance du 4 Décembre,

PRÉSIDÉE PAR M. DAMBRAY, CHANCELIER DE FRANCE.

La séance s'ouvre à onze heures moins un quart.

MM. Dubouchage, Barbé-Marbois et de Cases sont au banc des ministres.

On fait l'appel nominal. M. le comte Dambarrère, malade, est le seul de MM. les pairs qui soit absent.

Mgr. le président demande à l'accusé ses nom, prénoms, etc., et fait promettre aux défenseurs de n'employer aucun moyen réprouvé par leur conscience, et de ne jamais s'écarter de la décence que leur commande la sainteté du lieu et de leur ministère.

On lit l'acte d'accusation. (Voyez cette pièce au N°. II.)

Le greffier en chef donne lecture de la liste des témoins appelés à la requête du ministère public et de l'accusé.

Témoins appelés à la requête du ministère public.

MM. le duc de Duras, Magin, Pantin, Perrache, le chevalier de Richemont, de Beausire, le duc de Reggio, le baron Clouet, le comte de Faverney, le prince de Poix, le comte de Sccy, le comte de la Genetière, le comte de Grivel, le comte de Bourmont, de Balliencourt, Charmoille de Fresnoy, le chevalier Grison, Tumeril de Lecourt, Batardy, le duc de Mailhé, le baron Passinges de Préchamp, le baron Mermet, le baron Gauthier, le marquis de Sauran, Regnault de Saint-Amour, Cayrol, le duc d'Albufera ; de Lange de Bourcin, le baron de Montgenet, Boulouze, le baron Bapelle, le marquis de Vaulchier, Bessières, Guy, le chevalier Durand, le comte Heudelet, madame Maury.

A la requête de l'accusé.

MM. Le prince d'Eckmuhl, le comte de Bondy, Guilleminet, Bignon.

Un pair. — Je demande la parole : le procès commence ; jusqu'ici tout a été d'instruction.

Mgr. le président. — Vous n'avez pas le droit de m'interrompre ; j'ordonne qu'on procède à l'appel nominal.

Le pair qui avait pris la parole n'a pas jugé à propos de la réclamer ; et après l'appel nominal, M^r. Bellart, commissaire du Roi, s'est levé. Au lieu de faire, suivant l'usage, un exposé du procès, il s'est contenté de dire : la lecture de l'acte d'accusation renferme tout ce qui constitue le crime reproché à M. le maréchal Ney. Vous retracer les faits, ce serait perpétuer des répétitions douloureuses dont je dois faire le sacrifice à la rapidité de la marche de ce procès.

M. le duc d'Albuféra nous écrit de son lit de douleur, une lettre à laquelle il a joint une déposition absolument semblable à celle qu'il a faite devant M. le maréchal-de-camp Grundler. Il déclare n'avoir rien à y ajouter. Nous ne nous opposons pas à ce que l'accusé en tire le parti qu'il croira convenable.

M^e. Berryer. — Cette déposition ne concerne qu'un seul fait, et nous la trouvons satisfaisante.

Mgr. le président à l'accusé. — Que faisiez-vous dans les premiers jours de mars ?

Le maréchal Ney. — Je vais répondre à toutes les questions ; mais je déclare auparavant que je me réserve de faire valoir les droits qui résultent, en ma faveur, de la capitulation du trois juillet, et du traité du 20 novembre.

L'accusé dit ensuite que, dans les premiers jours de mars dernier, il habitait sa terre des Coudreaux, qu'il n'a quittée qu'en exécution des ordres du ministre de la guerre. Il ne se rappelle pas le nom de l'officier que le ministre a chargé de les lui apporter. Cet officier ne lui a donné verbalement aucun détail. Il a dîné à sa table sans lui parler du débarquement de Buonaparte. Personne, dans le pays, ne connaissait encore cet événement; il en atteste M. de Montmorency, qui a des propriétés dans son voisinage.

Il est arrivé à Paris, à ce qu'il croit, le 7 au soir, et c'est le 8 seulement qu'il a su par M. Batardy, son notaire, la nouvelle de l'invasion de Buonaparte. Il a vu le ministre de la guerre, qui n'a pas voulu s'expliquer sur la mission qu'il lui donnait, et s'est contenté de lui dire : vous trouverez des ordres à Besançon, le général Bourmont les a déjà reçus. Il a vu le Roi en sortant de chez le ministre, qui lui avait dit : Ne vous présentez pas chez S. M., elle est souffrante, et ne reçoit pas.

Il demanda au Roi s'il avait quelque instruction particulière à lui donner.

« Je sais, dit le maréchal, qu'on a répandu le bruit que j'avais promis à S. M. de lui amener Buonaparte dans une cage de fer. Dussé-je être fusillé, lacéré en mille morceaux, j'affirme que je crois avoir dit que son entreprise me paraissait si extravagante, qu'il mériterait, s'il était pris, d'être enfermé dans une cage de fer. Au surplus, si j'ai dit que je l'amènerais ainsi, j'ai dit une sottise, une grande sottise, qui ne prouverait en définitif que le désir ardent et sincère dont mon cœur était animé pour le service et la défense du Roi. »

On lit la copie des instructions envoyées au maréchal par le ministre de la guerre. Elles se bornent à lui ordonner de réunir le plus de troupes qu'il pourra. Le ministre lui donne l'état des forces qu'il trouvera dans son gouvernement, et lui prescrit quelques dispositions assez vagues.

L'accusé prétend que ces instructions étaient si insignifiantes, qu'en les observant il n'avait rien à faire qu'à se promener dans Besançon les bras croisés.

Après avoir retracé les mesures que lui dicta le zèle le plus vrai, c'est, dit-il, dans la nuit du 13 au 14 que des envoyés de Buonaparte m'ont circonvenu.

A quelle heure, lui demande-t-on, ces envoyés sont-ils parvenus jusqu'à vous? — A une heure, deux heures, trois heures, je ne me rappelle pas précisément; la lettre de Bertrand me fut apportée par plusieurs officiers. Un d'eux était blessé à la main. M. le ministre de la police a écrit,

I..

dans l'interrogatoire qu'il m'a fait subir, que je l'avais désigné comme manchot ; c'est une erreur. Ce n'est pas la seule; il rapporte encore que j'ai hésité pour déclarer que j'avais baisé la main du Roi. Je n'ai point hésité.

M. le président. — Comment n'avez-vous pas conservé la lettre du général Bertrand ?

Le maréchal. — Je n'en ai pas été maître. Je suis arrivé à Paris le jour où Labédoyère a été fusillé. Ma femme a éprouvé la crainte bien naturelle qu'il n'y eût chez moi des papiers faits pour me compromettre. Elle a tout fait brûler. Je regrette beaucoup certaines lettres qui auraient éclairé la religion de la chambre.

On présente à l'accusé la proclamation imprimée, et publiée avec sa signature, en date du 13 mars.

Il déclare que la date et la signature sont fausses. Je crois bien, ajoute-t-il, que c'est une proclamation dans ce genre là que j'ai lue à la troupe, mais elle était connue et répandue en Suisse. Elle n'a jamais été imprimée à Lons-le-Saulnier, à moins que ce soit depuis le 14.

A cette époque on savait que partout où l'usurpateur se présentait c'était une rage de courir après lui.

M^r. Bellart demande à l'accusé si les agents de Buonaparte ne lui ont pas remis quelque décoration : il répond négativement. Il est vrai que des aigles avaient été apportées par des émissaires inconnus, qu'elles ont été arborées; mais personne ne peut dire que le drapeau blanc ait été outragé, et le maréchal affirme qu'il a toujours porté la décoration du Roi, même lorsqu'il se réunit à Buonaparte.

Le reste de l'interrogatoire roule sur des circonstances qui se représentent dans la confrontation de l'accusé avec les témoins (1).

Le premier est M. le duc Durfort de Duras, pair de France, premier gentilhomme de la chambre du Roi.

Il déclare que le mardi, 7 mars, à onze heures un quart du matin, le maréchal Ney fut introduit dans le cabinet du Roi. Il s'avança d'un pas ferme vers S. M., et après des remercîments de la confiance dont il recevait la preuve et des protestations d'une inviolable fidélité, il dit que s'il

____

(1) Voir, pour le texte de ces dépositions, à la fin de ce Numéro et du Numéro Ier.

prenait Buonaparte vivant, il l'amènerait dans une cage de fer.

L'accusé.—Je croyais avoir dit que l'extravagante entreprise de Buonaparte méritait cette punition ; mais je m'en rapporte à ce que dit M. le duc de Duras.

M. le prince de Poix fait une déclaration absolument conforme à celle du premier témoin, et contre laquelle l'accusé n'élève aucune objection.

Le troisième témoin est M. Pierre-Georges, comte de Scey, préfet de Besançon. Il dit qu'à l'arrivée du maréchal Ney dans cette ville, il lui demanda ses instructions et ses ordres, qui se bornèrent à l'invitation de lui procurer beaucoup de chevaux de réquisition, et à réunir les fonds des caisses publiques. Le maréchal se répandit en propos véhéments contre Buonaparte.

M. le préfet s'informa pourquoi l'on désarmait les remparts de Besançon : le commandant d'armes lui répondit que cela ne le regardait point. Il demanda des armes pour les volontaires royaux, on lui dit qu'il n'y en avait pas. M. de Possinges, chef d'état-major du maréchal, vint à son tour lui demander de l'argent, et M. le préfet lui répondit qu'il ne pouvait démunir les caisses dans un moment où Besançon allait probablement recevoir une forte garnison, et où l'on organisait des volontaires royaux.

Le maréchal Ney. — Jamais je ne vous ai parlé d'argent. Je vous ai ordonné de réunir diligemment des chevaux, vous n'en avez rien fait. On n'a point donné d'ordres pour désarmer Besançon ; au contraire, on y a fait rentrer les pièces du polygone. Si des munitions ont été tirées de cette place, c'est qu'on avait oublié de distribuer des cartouches aux régiments qui partaient. Je n'avais reçu du ministre qu'un bon de 15,000 fr. qui m'a été payé à Lille à la fin de mars.

Le témoin. — Je n'ai pas dit que M. le maréchal m'ait demandé de l'argent pour son propre usage, mais qu'il m'avait ordonné d'en réunir pour le service public, et l'ordre signé de lui doit exister aux pièces.

L'accusé. — Vous souvenez-vous que vous m'avez écrit à Lons-le-Saulnier, que vous aviez 700,000 fr. à ma disposition, et que je vous ai répondu que ni moi ni mes soldats n'avions besoin d'argent ?

Le témoin. — Je ne me le rappelle pas : il est vrai que

J'avais réuni des fonds, en exécution de l'instruction de M. le maréchal; et certainement s'il m'avait fait connaître qu'il en eût besoin, je les aurais donnés.

L'accusé. — J'ai insisté sur cette explication, parce que c'est de Besançon qu'est partie cette infâme calomnie, que j'avais reçu du Roi cinq, six ou sept cent mille fr. On n'en parle plus aujourd'hui; tout le monde sait que c'est une odieuse imposture. Mais si j'avais succombé, si j'avais été assassiné, comme je devais l'être, dans ma translation d'Aurillac à Paris, jamais mes enfants n'auraient pu laver ma mémoire de cette tache. J'ai toujours servi pour l'honneur, et jamais pour l'argent.

Le témoin sait que j'ai réuni les gardes nationales des deux départements, quoique plusieurs dépositions tendent à faire croire que j'ai eu l'intention de trahir en éloignant les gardes nationales. J'ai appelé tous les gens de bonne volonté. Il s'en présente beaucoup aujourd'hui; alors il n'y en avait pas.

M^e. Berryer demande au témoin s'il n'a pas connaissance d'une lettre écrite, à une époque rapprochée du 14 mars, par le lieutenant-général de Bourmont au commandant d'armes de Besançon?

Il répond qu'il n'a pas vu de lettre, mais qu'il croit qu'une correspondance entre ces deux officiers a existé jusqu'au 16 mars.

M. Félix de Rochemont, employé dans les contributions indirectes à Lons-le-Saulnier, a été envoyé par le maréchal Ney à Mâcon, pour recueillir des renseignements positifs sur la marche et les forces de Buonaparte. Le maréchal encouragea son zèle par des éloges et des promesses. Au retour de sa périlleuse mission, M. de Rochemont apprit que le maréchal avait mené sa troupe à Buonaparte.

Après ce témoin, la cour entend M. le comte de Saverney. Pendant les journées du 10, du 11 et du 12, il s'occupa de réunir et les gardes nationales qu'il commandait, et les volontaires qui se présentaient de toute part. Il demanda des ordres à M. de Bourmont, qui l'adressa au maréchal Ney. Ne m'amenez pas ces gens-là ici, lui dit le maréchal, vous voyez-bien que Lons-le-Saulnier n'est pas une position militaire. Ce n'est pas ici que je veux me battre. — M. le maréchal, je n'ai pas l'indiscrétion de sonder vos desseins.

— Que les gardes nationales des campagnes restent pour veiller à la tranquillité. Je ne veux ni *pleurnicheurs* ni *pleurnicheuses.*

Le 15 mars, après la défection consommée, le témoin vit à Poligny le général Lecourbe, qui lui dit que le maréchal lui avait confié que *tout cela était arrangé d'avance.*

Qu'on ne me reproche pas, dit M. le comte de Saverney, d'invoquer le témoignage d'un homme mort. Quand j'ai déposé la première fois, le général Lecourbe était plein de vie, et je m'attendais à lui être confronté. Il m'a rapporté que le maréchal Ney lui avait dit que tout était arrangé : cela n'a été pour moi qu'un jeu d'enfant ; voilà ses propres expressions.

Le maréchal Ney. — Je dois convenir que Monsieur était plein de bonnes intentions, mais il n'aurait pu réunir trois hommes. Comme j'avais dit à Lecourbe que les émissaires de Buonaparte m'avaient assuré que tout avait été arrangé avec l'Autriche, par l'entremise du général Kœlher, il aura répété ce propos qu'on aura mal interprété. Quand j'ai dit que je ne voulais ni pleurnicheurs ni pleurnicheuses, j'entendais dire que je voulais des hommes résolus et prêts à braver le danger.

Me. Berryer. — Je prie le témoin de déclarer si c'est là tout ce qu'il a entendu dire au général Lecourbe.

Le témoin. — Je me rappelle encore que je lui témoignai ma surprise et ma douleur de le voir avec la cocarde tricolore. Que voulez-vous, me dit-il, on ne sait où l'on va ; je me ferai peut-être couper la tête. Mais le maréchal Ney m'a promis de dire à l'empereur, la première fois qu'il le verra, que s'il veut encore régner en tyran, on l'abandonnera. Nous marchons au hasard. Moi, j'en gémis ; car je n'ai éprouvé que mécontentement de Buonaparte, et je n'ai que des actions de grâce à rendre au Roi. Si l'empereur est tué, ce sera pis que tout ce que nous avons vu. Ils sont quatre ou cinq qui veulent être empereur. Nous ressemblons à l'empire romain dans sa décadence. Et puis, que voulez-vous faire avec des soldats qui ne veulent pas se battre ; (et un instant après) : Si j'avais commandé, il en aurait été autrement. On fait du soldat ce qu'on veut.

Le maréchal Ney ne peut croire qu'un militaire aussi loyal, aussi distingué que Lecourbe ait pu tenir de pareils discours.

On introduit M. le lieutenant-général comte de Bourmont, commandant de la 2ᵉ. division de la garde royale.
Il dit :

J'ai déjà fait à Lille une déclaration écrite (*Voy.* cette
déclaration pag. 16); mais la commisération qui s'attache
naturellement à une grande infortune, a fait que je me
suis borné à répondre aux questions qui m'étaient adressées
par la commission rogatoire. J'ai su depuis que M. le maréchal affirmait que j'avais connu et approuvé ses projets
et sa défection ; cette assertion touche à mon honneur ; je
dois la repousser ; et si la franchise de ma déposition
aggrave la prévention dont M. le maréchal est frappé,
ce n'est qu'à lui qu'il devra s'en prendre.

Après avoir prouvé par des faits que les dispositions
de la troupe étaient encore assez bonnes pour qu'un chef
qui avait autant de droits que le maréchal à la confiance
et à l'amour des soldats, pût les retenir dans le devoir
et les faire combattre pour le Roi, M. de Bourmont arrive
à ce qui lui est personnel.

Eh bien, mon cher général, lui dit le maréchal, vous
avez lu ces proclamations de Buonaparte que l'on ré-
pand partout : elles sont bien faites. — Oui, répondit
M. le comte de Bourmont, il y a plusieurs phrases qui
pourraient produire un grand effet sur la troupe. Celle-
ci, par exemple : *La victoire marche au pas de charge ;* il
faut bien prendre garde qu'elles ne circulent dans l'armée.
— Eh, mon ami, l'effet est produit ; dans toute la France
c'est de même : tout est fini. *Le général Lecourbe entre,*
et le maréchal continue. Je suis bien aise de vous voir,
mon cher Lecourbe, je disais à Bourmont que tout est
fini : il y a trois mois que nous sommes tous d'accord.
Si vous aviez été à Paris, vous l'auriez su comme moi.

Le Roi doit avoir quitté Paris ; s'il ne l'a pas quitté,
il sera enlevé. Mais malheur à qui ferait du mal au Roi !
C'est un bon prince qui n'a fait de mal à personne. Il sera
conduit à un vaisseau, et embarqué pour l'Angleterre.
— C'est-à-dire qu'il sera seulement détrôné ? — Il le faut ;
et nous n'avons rien de mieux à faire que d'aller à Buonaparte. Le comte de Bourmont resta frappé d'étonnement.
— Si vous ne voulez pas, reprend le maréchal Ney,
faites ce que vous voudrez ; Lecourbe viendra avec moi.
— Moi, dit Lecourbe, je suis venu pour servir le Roi ;

j'ai de l'honneur. L'empereur ne m'a fait que du mal, le Roi ne m'a fait que du bien. — Et moi aussi j'ai de l'honneur, continue vivement l'accusé, et c'est l'honneur qui me commande de rejoindre Buonaparte. Je ne veux plus recevoir d'humiliations; je ne veux plus que ma femme rentre en pleurant. Il faut que ce soit un homme pris dans l'armée qui gouverne pour que le militaire ait de la considération. Le Roi ne veut pas de nous; c'est décidé, il n'en veut pas.

Lecourbe déclara positivement qu'il voulait se retirer à la campagne.

Alors le maréchal prit un papier; c'était sa proclamation qu'il voulait lire aux troupes. Il en donna connaissance aux deux généraux qui cherchèrent en vain à le détourner de sa résolution; mais il persista, et lut la proclamation aux régiments assemblés sur la place; des officiers voyant la tristesse et la consternation peintes sur la physionomie des généraux Lecourbe et de Bourmont, vinrent leur prendre la main en disant : C'est une action horrible; si nous l'avions prévue, nous ne serions pas venus ici. Les troupes se répandirent en désordre dans la ville, et une demi-heure après le maréchal parut, la poitrine décorée de *la plaque à l'aigle*.

Le maréchal Ney. — Il paraît que M. le général de Bourmont a fait son thème à loisir; il ne croyait pas que jamais nous dussions nous revoir. Il espérait que je serais traité *à la chaude*, comme Labédoyère. Moi qui n'ai pas le talent oratoire, je vais au fait. Je fis prier les généraux Bourmont et Lecourbe de venir chez moi.

Je regrette bien vivement que Lecourbe soit mort, mais je l'interpellerai dans un autre lieu qu'ici, plus haut, et là vous répondrez, M. de Bourmont.

' J'étais dans ma chambre, la tête baissée sur cette fatale proclamation, je la leur montrai. Bourmont ne me dit que ces mots : Je suis parfaitement de votre avis : il n'y a pas d'autre parti à prendre. — Lecourbe reprit : Il y a long-temps qu'une rumeur générale circule. Mais cette proclamation vous a été envoyée. — Il ne s'agit pas de cela, lui dis-je, en l'interrompant; je vous demande votre avis. Aucun des deux ne me dit : Qu'allez-vous faire? vous allez sacrifier votre gloire? Je leur répétai ce qu'on m'avait persuadé la nuit, que tout était arrangé; ils retirèrent, et Bourmont fit lui-même rassembler les troupes sur la place.

S'il croyait ma démarche criminelle, il pouvait mettre une garde à ma porte, m'arrêter, disposer de moi, je n'avais pas un cheval de selle. Pendant la marche des troupes sur Dôle, il était dans ma voiture. Je l'engageai à loger chez moi; il prit un logement chez le préfet, pour se ménager une porte de derrière, si notre affaire allait mal, et rejeter sur moi tout l'odieux.

Lecourbe et Bourmont, je le répète, sont venus me prendre chez moi; ils m'ont conduit au milieu du quarré formé par la troupe. Là, j'ai lu cette affreuse proclamation. Ensuite ils sont venus dîner chez moi. Que M. de Bourmont le dise : Le dîner fut sombre; pas un toast ne fut porté, et je m'empressai de congédier les convives.

Mgr. le président au témoin. — Comment, connaissant la proclamation, avez-vous rassemblé la troupe?

R. M. le maréchal m'en avait donné l'ordre verbal, mais avant de me faire connaître la proclamation.

Le maréchal convient d'avoir donné l'ordre, mais il affirme que c'est après avoir communiqué la proclamation.

Le témoin et l'accusé soutiennent également leur assertion.

M. le maréchal. — M. de Bourmont peut dire ce qu'il veut. Il n'y a pas d'autre témoin que lui et moi : mais je dis la vérité. Il me charge, pour faire valoir sa conduite.

Mgr. le président au général de Bourmont. — Vous désapprouviez la conduite du maréchal, pourquoi l'avez-vous accompagné ?

R. Pour voir l'impression que la lecture de la proclamation ferait sur la troupe, dont les officiers m'avaient souvent renouvelé la promesse de me suivre pour le service du Roi. Je n'avais d'autre moyen de l'empêcher qu'en le tuant, puisque mes observations avaient été inutiles. Je n'ai pas dû me dispenser d'assister au dîner, parce qu'ayant l'intention d'aller à Paris, je devais éviter d'être arrêté ou surveillé, ce qui aurait fait manquer mon projet. M. le maréchal m'avait bien dit que j'étais le maître de me retirer; mais j'avoue que je n'avais pas confiance dans sa permission.

Le maréchal Ney. — Si j'avais voulu, je vous aurais bien tenu ; mais vous ne m'aviez témoigné aucune répugnance à prendre le même parti que moi. Le seul colonel Dubalen, homme d'honneur, m'a offert sa démission. Vous pouviez faire de même. Vous deviez m'arrêter ; vous pouviez me tuer. C'était peut-être votre devoir , et vous m'auriez rendu un grand service.

Mgr. le président demande au témoin quand on sut à Lons-le-Saulnier l'entrée de Buonaparte à Lyon. Il répond qu'on l'apprit le 13. Il calcula qu'il y était arrivé avec 3900 hommes et qu'il en sortirait à la tête de 7000. Le maréchal soutient que Buonaparte avait beaucoup plus de monde ; une partie des troupes de son gouvernement étaient déjà passées à l'usurpateur. Je n'avais, dit il, avec moi, que quatre misérables bataillons qui m'auraient pulvérisé si je leur avais ordonné de marcher pour le Roi.

Le général Bourmont. — Si, comme nous l'avait annoncé le 13 , M. le maréchal, il se fût mis à la tête de l'avant-garde ; s'il eût pris une carabine et tiré le premier coup , je n'ose pas dire qu'il eût remporté la victoire, mais certainement il eût été secondé et il y eût eu un engagement.

Le maréchal, très vivement. — Quoi ! vous pouviez sortir de Lons-le-Saulnier, et dire à la troupe que vous la faisiez marcher pour le service du Roi ? L'auriez-vous fait, vous ?.... Non, non, vous n'en êtes pas capable........ vous......... (Le maréchal termine à demi-voix sa phrase, dont nous n'avons pu entendre la fin.)

M. Bellart, commissaire du Roi, prend la parole :

« Quand on a commis une mauvaise action, il ne faut pas y joindre une mauvaise maxime. Un militaire ne doit envisager que son devoir, et le remplir sans considérer le péril.

Les défenseurs de l'accusé font au témoin quelques interpellations. M°. Dupin lui demande s'il savait , quand il est venu chercher le maréchal , qu'il allait sur la place lire la proclamation.

— Sans nul doute, répond M. de Bourmont , je l'ai suivi pour voir s'il n'y aurait pas de l'opposition dans la troupe.

D. Avez-vous fait quelques dispositions pour faire naître cette opposition ?

R. Le temps m'a manqué. Si je l'avais eu, si j'avais pu

rassembler les chefs des corps, peut-être aurais-je pu prévenir l'effet de la proclamation.

Mgr. le président. — Croyez-vous que les troupes fussent si bien disposées pour le Roi, que ce ne soit que la proclamation du maréchal Ney qui les ait entraînées à la défection.

R. Les troupes m'avaient paru dans une bonne disposition; mais je ne saurais répondre de la durée qu'elle aurait pu avoir.

Le témoin cite pour preuve du bon esprit qui régnait parmi les officiers, la dénonciation qu'ils lui firent d'un de leurs camarades qui avait tenu des propos dangereux et manifesté le désir de passer du côté de Buonaparte.

Un pair. — Comment le maréchal Ney a-t-il pu croire le 14 mars que le Roi avait quitté Paris ?

Le maréchal. — L'usurpateur l'annonçait par des circulaires répandues partout.

M^e. Berryer. — Quelle impression a produite la lecture de la proclamation ?

M. de Bourmont. — Elle a fait crier *vive l'empereur !* à presque toute la troupe, et surtout à la cavalerie.

M^e. Berryer. — Et M. de Bourmont a-t-il crié : *vive le Roi?*

Cette étrange interpellation a excité de violents murmures, qui ont fait sentir à l'avocat la nécessité d'expliquer sa pensée.

Je n'ai fait cette question, reprend-il rapidement, que parce qu'on a dit que ce cri a été entendu.

M. le comte Molé : De pareilles questions sont tout-à-fait déplacées, et sortent du cours naturel de l'instruction.

M. de Frondeville : Il s'établit des personnalités auxquelles il faut nécessairement mettre ordre.

M. de Bourmont retourne à sa place.

On donne lecture de la déposition écrite faite par le général Lecourbe peu de temps avant sa mort (Voyez cette déposition pag. 22).

Un Pair : Je demande à l'accusé, le nom des émissaires qui sont venus lui parler de la part de Buonaparte.

Le maréchal : Je ne veux compromettre personne.

M. le marquis de Vaulchier, préfet du Jura, dépose avec détails de tous les événements qui se sont passés du 11 au 15 mars, et des relations qu'il a eues avec l'accusé en sa qualité de préfet. Je refusais, dit le temoin , de conserver l'administration du département, après la défection du maréchal. Le maréchal me dit: « Vous faites une bêtise. » Il ajouta beaucoup de choses offensantes pour nos princes; il me dit que toutes les puissances étaient d'accord avec Buonaparte, et particulièrement l'Autriche; que toutes les troupes étaient disposées en conséquence depuis long-temps, qu'on avait retenu exprès Mgr. le duc de Berry à Paris, parce qu'on avait craint que sa présence n'excitât de l'enthousiasme et du dévouement parmi les troupes.

M. de Vaulchier a déposé de plus qu'après avoir donné lecture de la proclamation du 14 mars, le maréchal se trouva décoré d'une plaque de la Légion-d'honneur à l'aigle.

Le maréchal : C'est une chose impossible; deux mille témoins pourraient déposer que je portais la décoration du Roi.

M. de Vaulchier : Je me rappelle parfaitement ce fait. En rentrant chez moi, j'en fis part à Mme. Vaulchier.

Le maréchal : A mon retour à Paris , je fus obligé d'acheter à mon joaillier de nouvelles décorations.

M. Berryer : Je demande que le joaillier soit entendu comme témoin.

M. le président : Vous pouvez le faire assigner.

Le maréchal : Je me rappelle très bien que M. de Vaulchier est venu chez moi, mais notre conversation n'a pas duré plus de dix minutes; le langage qu'il me prête est faux et invraisemblable.

M. le baron Capel, ancien préfet de l'Ain, et actuellement préfet du Doubs, dépose des relations qu'il a eues avec l'accusé, lorsque l'insurrection du 76e. l'eut forcé de quitter la ville de Bourg. (Voyez cette déposition, pag. 27)

Le maréchal : Il me serait difficile de répondre sur tous les points au témoin qui a fait une déposition extrêmement longue, et qui a eu tout le temps de faire son thème. Si j'ai dit que c'était une affaire combinée, ce ne peut être que par conjecture. Je ne conçois pas ce qui a si fort indisposé le témoin contre moi, car à raison de l'estime dont il jouit, il m'a fait beaucoup de mal.

M. de Grivel, instructeur des gardes nationales du département du Jura, rend compte des bonnes dispositions où étaient les gardes nationales et les volontaires royaux. Mais, après la lecture de la fatale proclamation, le maréchal dit au témoin : Vous faites une bêtise de rester fidèle au Roi, tout est arrangé entre nous. (Voyez cette déposition, pag.)

M. le comte de la Jeanetière est entendu à son tour et dit : J'étais major en second au 64°. régiment, et à la demi-solde, à Besançon, lorsque j'appris le débarquement de Buonaparte. J'offris mes services, M. de Bourmont les accepta. Tout devint inutile le 14 mars par la lecture de la proclamation. Dans le moment où l'on criait *vive l'empereur !* le maréchal Ney embrassa presque toutes les personnes qui se trouvaient auprès de lui. Dans mon désespoir, j'écrivis au maréchal Ney la lettre qui est au procès, et je me rendis à Besançon. Le 20 ou le 21, une rumeur effrayante éclata dans la ville. Trente ou quarante officiers à la demi-solde et des femmes de la plus basse extraction criaient *vive l'empereur !* et promenaient des drapeaux tricolores. Je m'élançai imprudemment dans la rue, et je dis à ces gens égarés : Ce n'est pas *vive l'empereur !* qu'il faut crier, c'est *vive le Roi !* Je m'opposai à ce qu'on arborât le drapeau tricolore sur la place, mais je fus repoussé par cette populace.

Le maréchal : La lettre dont parle M. de la Jeanetière ne m'a jamais été envoyée. Cette lettre a l'air de justifier M. de Bourmont ; je n'y conçois rien.

Le témoin, interpellé sur l'esprit de la Franche-Comté, dit que, dans cette province, il n'y avait que quatre villes dont les dispositions ne fussent pas rassurantes ; à Besançon, l'esprit public était excellent.

M. Clouet, colonel, qui a été premier aide-de-camp du maréchal Ney, a paru fort ému en faisant sa déposition. Il se trouvait à Tours, au sein de sa famille, dans les premiers jours de mars ; il en partit le 19, lorsqu'il eut appris l'évasion de Buonaparte. Il trouva à Paris une lettre du secrétaire du maréchal, qui lui recommandait de se rendre à Besançon. Il apprit à une lieue de Dijon que la division du maréchal avait arboré la cocarde tricolore. Arrivé auprès du maréchal, il demanda la permission de retourner dans ses foyers. Voyant M. de Bourmont dans la même disposition que moi, ajoute M. Clouet, je retournai de suite à Paris, au moyen d'un passe-port que j'avais fait moi même en y mettant le cachet du maréchal. On nous laissa partir, M. de Bourmont et moi : nous fûmes long-temps en route ; la voiture de M. de Bourmont était en mauvais état, et nous versâmes plusieurs fois : nous arrivâmes fort tard à Paris, le 18.

M. le président : Vous avez dit dans votre déposition écrite que le maréchal Ney avait tenu des propos relativement à la famille royale.

M. Clouet : J'ai fait, l'automne précédent, un voyage avec le maréchal à Besançon : il me montra des sentiments d'attachement pour la famille royale. Il y a sept ou huit ans que j'ai l'honneur de connaître le maréchal; je le connais susceptible de prendre des impressions subites; je pense que c'est le seul moyen d'expliquer son action.

Le dernier témoin entendu dans cette séance, a été M. le maréchal Oudinot, duc de Reggio. J'ai reçu, dit le témoin, deux lettres de l'accusé, qui sont au procès, je n'ai rien à y ajouter.

On donne lecture de ces lettres en date des 12 et 13 Mars; elles sont antérieures à la défection du maréchal, et dans le sens du service du Roi.

On représente au maréchal trois passé-ports qu'il reconnaît. Les deux premiers lui ont été délivrés par le ministre Fouché et le troisième au nom de Fanise, hussard attaché à M. le maréchal, qui lui a été envoyé par son épouse à Aurillac.

La séance est levée à cinq heures et demie, et ajournée au lendemain dix heures du matin.

SUITE

Du Texte des Dépositions et Déclarations.

Nº. Iᵉʳ. — Déposition de M. Louis-Auguste-Victor comte DE GAISNE DE BOURMONT, lieutenant-général des armées du Roi, gouverneur de la 16ᵉ. division militaire, commandant de la Légion-d'honneur, chevalier de l'ordre royal et militaire de Saint-Louis; chevalier de l'ordre de Saint-Joseph, âgé de quarante-deux ans, reçue par M. Etienne-Philippe-Marie Lejosne, juge d'instruction de l'arrondissement de Lille, département du nord, le 14 octobre 1815.

Demande. Où et à quelle époque avez-vous eu connaissance du débarquement de Napoléon Buonaparte dans le département du Var?

Réponse. Le 5 mars, après-midi, par une dépêche du lieutenant-général Mermet, commandant la 2ᵉ. subdivision à Lons-le-Saulnier : cette nouvelle venait de Lyon par estafette.

D. Quels ordres avez-vous reçus des ministres du Roi pour vous opposer aux progrès de son invasion en France?

R. J'ai reçu, le 8, un ordre du ministre de la guerre de faire partir les deux premiers bataillons des régiments et trois escadrons de chaque régiment de cavalerie, et de les diriger sur Lyon. Le lendemain, 9, un ordre du ministre m'enjoignit de faire suivre à ces troupes l'itinéraire envoyé aux différents corps par S. Exc. Je fus en même temps prévenu le 8, que je recevrais des ordres de S. A. R. MONSIEUR, qui se rendait à Lyon, et que je prendrais ceux de Mgr. le duc de Berry, qui prendrait le commandement de toutes les troupes qui se trouveraient dans la 6ᵉ. division militaire.

D. Quelles dispositions avez-vous faites pour l'exécution de ces ordres?

R. J'ai mis les troupes en marche, conformément aux ordres du ministre; et, sur l'ordre de S. A. R. MONSIEUR, je fis partir en poste, de Besançon pour Lyon, des munitions de guerre et des pièces d'artillerie de campagne. J'écrivis à Auxonne et au lieutenant-général commandant la 18ᵉ. division militaire, pour qu'on fit partir d'Auxonne ce qui était demandé par MONSIEUR, et qui ne se trouvait pas à Besançon.

D. Où étiez-vous du 12 au 14 mars dernier, et en quelle qualité étiez-vous alors employé?

R. A Lons-le-Saulnier, commandant la 2e. division des troupes dont le maréchal avait pris le commandement.

D. Etiez-vous en relation avec S. Exc. M. le maréchal Ney ?

R. Oui.

D. A quelle époque l'avez-vous vu dans la 6e. division militaire après le débarquement de Buonaparte ?

R. Il est, je crois, arrivé le 9 mars à Besançon, dans l'après-midi.

D. Que vous dit-il dans votre première entrevue ?

R. Que Mgr. le duc de Berry ne viendrait pas prendre le commandement des troupes; qu'il demeurerait près du Roi; que le retour de Buonaparte était fâcheux, mais que c'était son cinquième et dernier acte qu'il venait jouer; qu'il fallait marcher à lui, le battre vîte, n'importe comment; que l'essentiel était de tirer des coups de fusil. Je lui fis lire l'ordre du jour que j'avais donné; il l'approuva, et me fit ensuite des questions sur l'esprit des troupes, que je lui assurai être généralement bon.

D. Quels ordres donna-t-il pour suivre l'exécution des dispositions prescrites par S. Exc. le ministre de la guerre, que vous aviez déjà commencé à exécuter ?

R. J'observai au maréchal Ney que Buonaparte devait marcher tres vîte; qu'il pourrait être le 8 ou le 9 à Grenoble; et que cette façon de disposer les troupes par deux bataillons et trois escadrons me paraissait dangereuse : il en convint, et approuva que le 15e. régiment d'infanterie légère fût arrêté à Saint-Amour; et qu'on réunît à Lons-le-Saulnier et environs toutes les troupes, sauf le 76e. régiment qui, étant à Bourg, devait former notre premier échelon sur Lyon et Grenoble.

D. Le maréchal Ney approuva-t-il vos dispositions, ou y changea-t-il quelque chose ?

R. Le maréchal Ney approuva toutes mes dispositions; il n'y fit de changement que pour les 8e. de chasseurs et 6e. de hussards, en envoyant les hussards à Auxonne et les chasseurs à Lons-le-Saulnier.

D. Quelle était la force des troupes mises en mouvement par vous avant l'arrivée de M. le maréchal, tant infanterie que cavalerie et artillerie ?

R. Onze bataillons, douze escadrons, et dix bouches à feu dont les attelages n'étaient pas encore complets, parce qu'il n'y avait point de train d'artillerie à Besançon, et qu'il fallait faire chez les cultivateurs la recherche des chevaux du train qu'on leur avait remis en dépôt ?

<table>
<tr><td>III.</td><td></td><td>2</td></tr>
</table>

D. Quel était l'esprit des troupes, et qu'en espérait-on pour le service du Roi ?

R. L'esprit des chefs de corps et officiers supérieurs ne m'a point paru douteux; presque tous voulaient franchement servir le Roi : la plupart des autres officiers montraient les mêmes sentiments; quelques soldats tenaient de mauvais propos, particulièrement dans les troupes à cheval. On espérait qu'en faisant un choix d'hommes pour l'avant-garde, et commençant avec eux le combat, presque tous les autres feraient leur devoir.

D. A quelle époque les premiers agents de Buonaparte arrivèrent-ils dans les cantonnements occupés par les troupes ?

R. Je n'ai pas su qu'il fût arrivé des agents de Buonaparte à Lons-le-Saulnier; j'appris le 14 mars, à trois heures du matin, par M. le baron Capelle, préfet de l'Ain, que des émissaires étaient venus de Lyon à Bourg, avaient insurgé la ville et le 76e. régiment, malgré le général Gauthier commandant le département, le colonel et les officiers de ce corps, et qu'il y avait, depuis Lyon jusqu'à la limite du Jura, une fureur révolutionnaire fort dangereuse.

D. Quel effet leur arrivée produisit-elle sur l'esprit des troupes ?

R. Je n'ai pu juger l'effet de l'arrivée des agents de Buonaparte sur l'esprit des troupes à Lons-le-Saulnier, puisque j'ignorais qu'il en fût arrivé. A Bourg, ces agents entraînèrent la révolte des troupes.

D. Quelles mesures furent prises par M. le Maréchal Ney et par tous les chefs militaires pour faire arrêter les agents de Buonaparte, détruire leur influence, et contenir les troupes dans la fidélité qu'elles devaient au Roi ?

R. Avant l'arrivée du maréchal Ney, et dès le 5 mars au soir, je me concertai avec les préfets, et je donnai des ordres à la gendarmerie pour faire arrêter tous les voyageurs qui n'auraient pas de passe-ports en règle, et surveiller dans chaque ville les hommes soupçonnés de conserver de l'attachement pour Buonaparte, ou de l'aversion pour le gouvernement royal.

Ces mesures ont été approuvées par le maréchal, et n'ont point été changées depuis; et elles s'exécutaient encore, le 14 et le 15, dans les départements du Doubs, du Jura et de la Haute-Saône.

D. Quels étaient les avis reçus le 13 mars sur les progrès de Buonaparte en France, l'esprit des départements par où il avait passé, et le nombre de troupes qui s'étaient réunies à lui ?

R. Nous apprîmes le 13 mars que Châlons était soulevé; que

les troupes de Buonaparte avaient dû arriver à Mâcon; que l'esprit du département de l'Ain devenait de plus en plus mauvais;
et que le 76e. régiment, qui venait de rentrer à Bourg, manifestait
l'intention de se réunir à Buonaparte; que les officiers de ce
corps avaient beaucoup de peine à contenir leurs troupes dans le
devoir : nous supposions que Buonaparte était entré à Lyon avec
trois mille neuf cents hommes, et qu'il pouvait en partir avec
sept mille hommes.

D. Avez-vous connaissance qu'une proclamation, signée le maréchal d'empire prince de la Moskova, et dont est ci-joint la
copie, eût été apportée par les agents de Buonaparte à M. le maréchal Ney à Lons-le-Saulnier?

R. Je n'ai point eu connaissance qu'une proclamation, signée le
maréchal d'empire prince de la Moskova, ait été apportée par
les agents de Buonaparte, à Lons-le-Saulnier, au maréchal Ney.

D. Est-il vrai que le 14 mars, au matin, M. le maréchal Ney
vous communiqua cette proclamation, et qu'après avoir déclaré
qu'il allait en faire lecture aux troupes qui se trouvaient à Lons-
le-Saulnier, il vous somma, au nom de l'honneur, de lui déclarer
ce que vous pensiez ?

R. Le 14 mars, le maréchal Ney, chez lequel j'étais avec le
général Lecourbe, avait ordonné de faire prendre les armes aux
troupes; et, après nous avoir parlé de l'impossibilité qu'il trouvait
à ce que le Roi continuât de régner, il nous déclara que tout
était fini; que le roi devait avoir quitté Paris; que tout était arrangé, et qu'il allait lire aux troupes cette proclamation, qui était
sur la table, écrite à la main. M. le maréchal ne me demanda
point mon avis sur cette proclamation : mais je lui observai que
rien ne pouvait autoriser à marcher contre le Roi; que s'il avait
lieu de croire que le gouvernement ne pût se soutenir, il ne fallait pas donner à la France un enragé qui la perdrait, et qui le
ferait tuer lui-même peut-être le premier; et je dis enfin tout ce
qui me vint à l'esprit pour le détourner du dessein qu'il manifestait.

Le général Lecourbe fut de mon avis, et déclara comme moi
qu'il ne le suivrait point dans le parti de Buonaparte; que le Roi
ne lui avait fait que du bien, et que d'ailleurs il avait de l'honneur.

D. Que répondîtes-vous à cette interpellation ?

R. Le maréchal Ney ne me fit point d'interpellation : mais il
me dit que les troupes voulaient l'empereur; que je devais en être
convaincu si je remarquais la facilité avec laquelle elles s'étaient

jointes à lui à Grenoble, à Lyon, et d'après ce que nous venions d'apprendre de Bourg.

D. Qui était présent chez M. le maréchal Ney avec vous, au moment où il vous fit lecture de cette proclamation ?

R. Le lieutenant-général Lecourbe.

D. Quelle fut l'opinion des personnes qui étaient avec vous sur le contenu de la proclamation et le projet manifesté par M. le maréchal Ney de la lire aux troupes ?

R. Le général Lecourbe fut comme moi d'opinion qu'il fallait demeurer fidèles au Roi, et ne point lire la proclamation. Nous dîmes notre sentiment au maréchal Ney ; mais il ne nous con-, sulta pas.

D. Accompagnâtes-vous M. le maréchal Ney, lorsqu'il fut lire aux troupes la proclamation dont nous avons parlé plus haut ?

R. Nous nous rendîmes, le général Lecourbe et moi, sur le terrain où les troupes étaient assemblées, et où M. le maréchal fit lecture de sa proclamation.

D. Quelles étaient encore les personnes qui étaient avec vous ?

R. Toutes les troupes, l'état-major.

D. Est-il vrai que vous avez rapporté au maréchal Ney que les soldats avaient menacé de le tuer, s'il voulait les empêcher de rejoindre Napoléon Buonaparte ?

R. Non.

D. Quel effet produisit la lecture de la proclamation faite par le maréchal Ney sur l'esprit des troupes ?

R. Elle fit crier : *vive l'empereur !* aux trois quarts de l'infanterie et aux sous-officiers de cavalerie qui avaient mis pied à terre.

D. Pensez-vous que les troupes fussent restées fidèles au Roi, si le maréchal ne leur eût point lu cette proclamation ?

D. J'étais malade depuis le 5 mars : le mauvais temps et l'état de souffrance dans lequel j'étais m'empêchèrent de voir les soldats autant que je l'aurais voulu ; mais les chefs de corps m'assuraient chaque jour que je pouvais compter sur eux et même sur leurs troupes. Je pense qu'elles seraient restées fidèles si on les avait menées au combat, en prenant, pour l'engager, les précautions que j'avais proposées, et que le maréchal avait annoncé vouloir prendre, comme de marcher les premiers à l'ennemi, de tirer les premiers coups de fusil, et de mêler des volontaires aux hommes choisis dans chaque bataillon pour l'avant-garde.

D. Avez-vous connaissance que l'exemple de M. le maréchal

Ney ait entraîné quelques corps de troupes à abandonner la cause du Roi ?

R. L'exemple du maréchal Ney, l'assurance qu'il donnait que tout était fini, qu'il n'y avait pas un coup de fusil à tirer, et que le Roi devait avoir quitté Paris pour retourner en Angleterre, entraîna tous les corps de troupes qui étaient dans la 6e. division et le plus grand nombre des officiers dans l'abandon de la cause du Roi, qu'ils crurent abandonnée du Roi lui-même, et les jeta tous dans l'incertitude sur ce qui se passait dans le reste du royaume.

D. Croyez-vous que M. le maréchal Ney était en mesure, avec les forces qu'il avait à sa disposition, de s'opposer efficacement aux projets de l'invasion de Napoléon Buonaparte en France ?

R. Je crois que M. le maréchal Ney était en état de combattre, et que le succès aurait dépendu de la manière dont l'affaire eût été engagée.

D. Au moment où M. le maréchal Ney eût fait connaître qu'il était décidé à se réunir à Napoléon Buonaparte, quelques officiers ou corps de troupes manifestèrent-ils l'intention de l'arrêter pour le mettre dans l'impossibilité d'exécuter son projet ?

R. Aussitôt que M. le maréchal Ney eût fait connaître qu'il se réunissait à Napoléon Buonaparte, presque tous les officiers généraux et supérieurs furent consternés, et n'imaginèrent aucun moyen de ramener les troupes dans le devoir ; ils furent d'autant plus surpris, qu'ils avaient plus de confiance dans les intentions manifestées par M. le maréchal, et qu'ils n'avaient pas eu l'idée qu'une chose semblable pût avoir lieu. Les soldats reçurent du vin, se répandirent en désordre dans les rues, s'unirent à la populace de Lons-le-Saulnier pour piller le café Bourbon, insulter quelques officiers, et aucun officier n'aurait pu agir avec eux contre M. le maréchal.

D. Les troupes approuvèrent-elles unanimement la proposition que leur fit le maréchal Ney de se réunir à Napoléon Buonaparte ?

R. Les sous-officiers et soldats approuvèrent presqu'unanimement le dessein de M. le maréchal Ney de les mener à Napoléon Buonaparte : le plus grand nombre des officiers et surtout des officiers supérieurs montra des sentiments contraires.

D. Quelles furent les opposants, et quelle conduite tinrent ils dans cette circonstance ?

R. Les opposants furent presque tous les officiers généraux, et particulièrement le général Lecourbe, qui partit avec moi pour

Paris, afin de rendre compte au Roi de ce qui venait de se passer, et de prendre ses ordres, si S. M. était encore à Paris. ; le lieutenant-général Delort, qui s'en retourna chez lui, à Arbois ; le général Jarry, qui refusa d'aller prendre le commandement de Besançon pour y faire arborer la cocarde tricolore ; le colonel Dubalen, commandant le 60e. régiment, qui donna sa démission ; le colonel Marchal, commandant le 77e., qui suivit son régiment, en déclarant à M. le maréchal qu'il ne se battrait pas contre le Roi, et qu'il espérait que son régiment ne se battrait pas non plus ; le major de la Gennetière, qui faisait les fonctions de chef de l'état-major, et qui écrivit, le 15, à M. le maréchal, que l'honneur ne lui permettait plus de le suivre ; qu'il imitait mon exemple, et que, dût-il lui en coûter la vie, il demeurerait fidèle au Roi ; le colonel Léopold, et les chefs d'escadron de gendarmerie Ledoux et Beauregard, qui vinrent me témoigner la douleur que cet événement leur causait ; plusieurs autres officiers dont je ne me rappelle pas les noms en ce moment, quittèrent l'état-major ou leur régiment, et vinrent me témoigner l'intention qu'ils avaient de combattre pour le Roi, s'il arrivait qu'on se battît quelque part.

Sur l'interpellation particulière énoncée en la commission rogatoire, *si effectivement M. le maréchal Ney, ou lui témoin, en sa qualité de commandant de la 6e. division militaire, ont donné l'ordre, dans les premiers jours du mois de mars dernier, de désarmer la ville de Besançon, quoiqu'on eût déjà connaissance du débarquement de Buonaparte*, M. le comte de Bourmont a fait la déclaration suivante :

« Aucun ordre de désarmement n'a été donné à Besançon du » 1er. au 15 mars ; mais au contraire, dès le 5, des mesures de » surveillance avaient été ordonnées ; et elles s'exécutèrent avec » beaucoup de soin jusqu'au moment où l'état-major de la place » fut changé, le 22 ou 23 mars. »

N°. II. — Déposition de M. Claude-Jacques, comte LECOURBE, âgé de cinquante-six ans, lieutenant-général, demeurant à Ruffey (Jura), employé à Béfort, reçue par M. Jean-Baptiste Klie, juge d'instruction, près le tribunal de première instance de l'arrondissement de Béfort (Haut-Rhin), le 15 novembre 1815.

« Au mois de mars, j'étais inspecteur-général d'armes dans la 6e. division militaire dont le maréchal Ney était gouverneur, par conséquent je n'ai eu aucun ordre à donner dans cette division après que j'ai eu terminé l'organisation des troupes d'infanterie, puisque le lieutenant-général de Bourmont commandait aussi cette division ; j'étais à Ruffey , dans mes terres , lorsque le 6 mars, au matin, j'appris le débarquement de Buonaparte; cette nouvelle me causa autant de surprise que d'étonnement, et , ainsi que je viens de le dire , n'ayant aucun pouvoir ; j'attendis si le ministre de la guerre me donnerait des ordres; au lieu de cela , je crois le 8 ou le 9 au matin , je reçus une lettre du maréchal Ney, datée de Besançon. Cette lettre me fut apportée par un chef d'escadron de gendarmerie; elle contenait l'invitation de me rendre à Besançon pour en prendre le commandement supérieur; mais, par un *post-scriptum*, le maréchal m'annonçant son arrivée dans la matinée à Lons-le-Saulnier, m'invitait à m'y rendre pour conférer avec lui ; je m'y rendis donc et trouvai le maréchal avec M. le général Bourmont; dans l'entrevue que j'eus avec le maréchal, il me prévint que Buonaparte devait déjà être à Lyon, et que MONSIEUR avait donné des ordres à toutes les troupes de se porter sur Moulins; il nous fit sentir qu'il eût mieux valu opérer par Lons-le-Saulnier, Bourg et Lyon sur ses derrières, qu'à cet effet, il s'était fait suivre de toutes les troupes qui venaient du Haut-Rhin et de la 6e. division militaire; en effet, cette manœuvre paraissait militaire; je ne peux pas assurer si le maréchal Ney avec ses troupes eût pu arrêter le torrent; je crois qu'il n'était plus temps; j'ignore aussi si les régiments ont reçu des émissaires de Buonaparte, le maréchal Ney ne nous a jamais dit à Bourmont ni à moi ce qu'il faisait au dehors.

Demande. Où et à quelle époque avez vous eu connaissance du débarquement de Buonaparte dans le département du Var ?

Réponse. Le 5 mars , au matin , étant à Ruffey sur mes terres, et c'est par erreur que j'ai indiqué ci-devant le 6.

D. Où étiez-vous du 12 au 14 mars dernier, et en quelle qualité étiez-vous employé alors ?

R. J'étais à Lons-le-Saulnier ces trois jours-là , et j'étais inspecteur-général d'armes.

D. Etiez-vous en relation avec S. Ex. le maréchal Ney ?

R. Je n'ai eu de correspondance avec le maréchal Ney que lorsqu'il est arrivé pour prendre le gouvernement de la 6e. division militaire.

D. A quelle époque l'avez-vous vu dans la 6e. division militaire, après le débarquement de Buonaparte ?

R. Je l'ai vu ainsi que je l'ai déjà dit à Lons-le-Saulnier, où je me suis rendu le 9 ou le 10 sur son invitation.

D. Que vous dit-il dans votre première entrevue ?

R. Je n'ai rien à ajouter à ce que j'ai déjà déclaré.

D. Quels ordres vous donna-t-il pour l'exécution des dispositions prescrites par S. Ex. le ministre de la guerre, pour s'opposer aux progrès de l'invasion de Buonaparte?

R. Il forma deux divisions des troupes qu'il avait mises en mouvement, il donna le commandement de l'une au général Bourmont, et de l'autre à moi.

D. Quelle était la force des troupes mises en mouvement avant l'arrivée de M. le maréchal, tant infanterie que cavalerie et artillerie?

R. Je l'ignore, et je n'ai pas vu d'autres troupes en mouvement en infanterie que le 15ᵉ léger, le 60ᵉ. de ligne, le 77ᵉ., le 81ᵉ. et le 76ᵉ.; en cavalerie il y avait le 3ᵉ. hussards, le 8ᵉ. chasseurs et le 15ᵉ. dragons. Je n'ai point vu d'artillerie.

D. Quel était l'esprit de ces troupes, et qu'en espérait-on pour le service du Roi?

R. Quant à la cavalerie je ne connaissais pas son esprit; ayant organisé la majeure partie de l'infanterie, je puis assurer qu'à cette époque le choix des officiers était excellent.

D. Savez-vous à quelle époque les premiers agents de Buonaparte arrivèrent dans les cantonnements occupés par les troupes?

R. Non.

D. Quel effet leur arrivée produisit-elle sur l'esprit des troupes?

R. S'il y a eu des agents, leur présence a été pernicieuse, puisque les troupes se sont déclarées pour Buonaparte.

D. Quelles mesures furent prises par M. le maréchal Ney et par tous les chefs militaires pour arrêter les agents de Buonaparte, et empêcher leur influence sur l'esprit des troupes?

R. Je ne me rappelle pas s'il y a eu des proclamations à ce sujet par le maréchal Ney, mais les autres généraux et officiers supérieurs attendaient les ordres qu'il devait leur donner.

D. Quelles mesures le maréchal Ney fit-il encore pour maintenir les troupes dans la fidélité qu'elles devaient au Roi?

R. Il n'a pris, à ma connaissance, que celle dont j'ai déjà parlé.

D. Quels étaient les avis reçus le 13 mars sur les progrès de Buonaparte en France, l'esprit des départements par où il avait passé, et la force des troupes qui s'étaient réunies à lui?

R. Le 13 mars au matin il nous fit appeler le général Bourmont et moi dans sa chambre, il nous fit part alors de ses projets; il nous fit lecture de la proclamation qu'il devait faire aux troupes et que tout le monde connaît, il nous représenta qu'il n'y avait plus à balancer, que Lyon avait ouvert ses portes, que tous les dé-partements accouraient au-devant de Buonaparte, et que nous courrions des dangers de la part des troupes, si nous ne nous ran-gions du parti de Buonaparte : en effet, la nuit du 12 au 13 avait été fort agitée à Lons-le-Saulnier ; mais j'ai toujours ignoré si le maréchal Ney avait provoqué les troupes à l'insurrection : le fait est que la veille il nous avait paru à Bourmont et à moi encore dans les meilleures intentions pour le Roi. Je ne connaissais pas autrement que par le bruit public l'esprit des départements par les-quels Buonaparte avait passé, et la force des troupes qui s'étaient réunies à lui.

D. Est-il vrai que le 14 mars au matin le maréchal Ney vous communiqua une proclamation, et qu'après vous avoir déclaré qu'il allait en faire lecture aux troupes qui se trouvaient à Lons-le-Saulnier, il somma au nom de l'honneur, M. le général Bourmont de lui déclarer ce qu'il en pensait ?

R. Cela est vrai, mais le fait est arrivé le 13 et non le 14.

D. Que répondit-il à cette interpellation ?

R. Le général Bourmont et moi lui fîmes des observations sur ce changement ; alors le maréchal chercha à nous persuader que c'était une affaire arrangée, et que rien n'empêcherait Buonaparte d'aller à Paris.

D. Qui était présent avec vous chez M. le maréchal Ney au moment où il vous fit lecture de sa proclamation ?

R. Il n'y avait que M. de Bourmont.

D. Quelle fut votre opinion et celle des personnes qui étaient avec vous sur le contenu de la proclamation et le projet manifesté par M. le maréchal Ney de la lire aux troupes ?

R. J'ai déjà répondu à cette question en parlant des observa-tions que nous avions faites à M. le maréchal.

D. Accompagnâtes-vous M. le maréchal lorsqu'il fut lire aux troupes la proclamation dont nous avons parlé plus haut ?

R. Oui, je ne pouvais pas me dispenser, ainsi que le général Bourmont, de paraître à l'assemblée des troupes, leur esprit était monté au point qu'il y eût eu danger en pure perte à ne pas le faire, ce que le maréchal nous fit envisager.

D. Quelles étaient encore les personnes qui étaient avec vous à cette proclamation ?

R. Toutes les troupes et toute la ville.

D. Avez-vous connaissance qu'on ait rapporté à M. le maréchal Ney que les soldats manifestaient l'intention de le tuer, s'il vou-lait les empêcher de rejoindre Napoléon Buonaparte ?

R. Je n'ai pas connaissance de cela.

D. Quel effet produisit la lecture de la proclamation faite par **M.** le maréchal Ney sur l'esprit des troupes ?

R. La majeure partie des troupes, ou plutôt la généralité manifesta hautement son opinion en criant vive l'Empereur! Quelques officiers cependant, et quelques habitants de la ville ne partagèrent pas cette opinion, le 5e. de dragons fut le régiment qui se prononça avec le plus d'énergie et entraîna même les plus incertains s'il y en avait.

D. Pensez-vous que les troupes fussent restées fidèles au Roi si le maréchal Ney ne leur eût point lu cette proclamation?

R. Je ne le crois pas, parce qu'à cette époque nous étions trop rapprochés de Lyon pour que les troupes ignorassent ce qui s'y était passé.

D. Avez-vous connaissance que l'exemple de **M.** le maréchal Ney ait entraîné quelques officiers ou quelques corps de troupes à abandonner la cause du Roi?

R. Je pense qu'il eût été possible que quelques officiers, et même quelque portion de troupes d'infanterie eussent pu résister pendant quelques temps à ce torrent; mais que du moment où ils auraient été en contact avec d'autres troupes du parti de Buonaparte, ils auraient été entraînés comme elles.

D. Croyez-vous que **M.** le maréchal Ney était en mesure avec les forces qu'il avait en sa disposition de s'opposer efficacement aux progrès de l'invasion de Napoléon Buonaparte en France ?

R. Non.

D. Au moment ou **M.** le maréchal Ney eût fait connaître qu'il était décidé à se réunir à Buonaparte, quelques officiers ou corps de troupes manifestèrent-ils l'intention de l'arrêter pour le mettre dans l'impossibilité d'exécuter son projet ?

R. Je n'ai eu aucune connaissance de cela.

D. Les troupes approuvèrent-elles unanimement la proposition que leur fit **M.** le maréchal Ney de se réunir avec lui à Napoléon Buonaparte ?

R. J'ai déjà répondu, à cet égard, que beaucoup d'officiers des 60e. et 77e. de ligne gardèrent un morne silence, quelques officiers de ces régiments donnèrent leur démission et se retirèrent. Le maréchal Ney ayant employé toute sa persuasion pour nous entraîner avec lui, le général Bourmont et moi nous prîmes le parti, tandis que les troupes filaient sur Dijon le 15, de nous rendre à Paris.

D. Quels furent les opposants, et quelle conduite tinrent-ils dans cette circonstance?

R. Il n'y a pas eu d'opposants.

III. **Déposition** de M. Guillaume-Antoine-Benoît , baron DE CAPELLE , âgé de quarante ans, préfet du Doubs, etc., reçue par Mᵉ. Jean-Nicolas Dormoy , juge d'instruction , à Besançon, le 17 octobre 1815.

Demande. Où étiez-vous du 10 au 15 mars dernier?

Réponse. J'étais, les 10, 11, 12 et 13 mars dernier, à Bourg, chef - lieu du département de l'Ain, dont le Roi m'avait confié l'administration ; le 14 au soir et le 15, sur la route de Lons-le-Saulnier à Genève.

D. A quelle époque avez-vous rencontré M. le maréchal Ney à Lons-le-Saulnier?

R. J'ai vu M. le maréchal Ney le 14, de quatre à cinq heures du matin.

D. D'où veniez-vous?

R. Je venais de Bourg.

D. Pourquoi avez-vous quitté le chef-lieu de votre préfecture?

R. J'en étais parti le 13 au soir, vers six heures, par suite de l'insurrection du 76ᵉ. régiment, en garnison dans cette ville, et quelques poignées de mauvais sujets de la lie du peuple.

D. Quel était l'esprit de votre département au moment où vous quittâtes le chef-lieu de votre préfecture?

R. Buonaparte était déjà arrivé à Mâcon, ou du moins son avant-garde. Aucune insurrection n'avait encore éclaté sur aucun autre point de mon département. Cependant le drapeau tricolore avait déjà paru dans plusieurs communes limitrophes du département de l'Isère, ou voisines de Lyon. Depuis plusieurs jours, l'audace des révolutionnaires, excitée par le voisinage de Buonaparte qui, dès le 8, jour de son arrivée à Grenoble, avait côtoyé, pour ainsi dire, la frontière de ce département ; excitée aussi par les proclamations et les agents dont il l'inondait pour y produire des mouvements populaires ; cette audace, dis-je, croissait à un point extrême. Je quittai ma préfecture, alors qu'il ne me restait plus aucun moyen de lutter contre la contagion, et de faire respecter l'autorité que j'exerçais au nom du Roi. C'était le 13, de cinq à six heures du soir : je me rendis auprès du maréchal Ney, que je savais en marche avec ses troupes, pour le triomphe de la cause que je servais. Depuis deux jours, j'avais une correspondance fort active avec le comte de Bourmont, qui faisait partie de ce corps d'armée, et que j'informai d'heure en heure de la marche de Buonaparte. Arrivé à Lons-le-Saulnier le 14, vers trois heures du matin, et non le 13 au soir, je me rendis chez le lieutenant-général, et, après l'avoir informé de ce qui s'était passé à Bourg, nous nous transportâmes ensemble auprès du maréchal Ney, que nous trouvâmes couché.

D. Quels détails donnâtes-vous à M. le maréchal Ney, à Lons-le-Saulnier, le 13 mars au soir, sur les progrès de l'invasion de Buonaparte en France, l'accueil que les habitants des pays par où il passait lui faisaient et le nombre de troupes qui s'étaient réunies à lui?

R. Je rendis comte à ce dernier de la défection du 76ᵉ. régiment; je lui fis part de tout ce que j'avais appris sur l'entrée de Buonaparte à Grenoble, sur son entrée à Lyon, sur l'inconcevable défection des troupes dans l'une et l'autre de ces villes, sur l'esprit de vertige révolutionnaire que sa présence excitait dans la lie du peuple, tandis qu'elle portait la stupeur dans toutes les autres classes de la société. Je lui dis que j'évaluais à près de quatre mille hommes les troupes qui s'étaient données à lui à Grenoble; à près de six mille celles qui avaient imité cet exemple à Lyon, et, qu'en ajoutant à ce nombre le 76ᵉ. régiment et quelques autres troupes qu'il aurait pu trouver à Mâcon, on ne pouvait guères évaluer à moins de dix à quinze mille hommes les forces qu'il avait déjà à sa disposition.

D. Que vous dit M. le maréchal Ney dans votre première entrevue?

R. Le maréchal exprima plusieurs fois son étonnement et son indignation des progrès qu'obtenait Buonaparte, du peu de résistence qu'on lui opposait. La conversation s'étant prolongée, il se plaignit des prétendues fautes de la cour, des prétendues humiliations qu'avaient éprouvées les militaires, de ce qu'on n'avait pas tenu ce qu'on leur avait promis, circonstances qu'il plaçait au nombre des causes qui produisaient leur défection. Il me dit qu'au point où en étaient les choses, il ne restait plus au Roi d'autre parti que de se mettre sur un brancard à la tête de ses troupes, et que celles-ci, excitées par sa présence, se battraient sûrement. Je me rappelle à merveille que, raisonnant toujours sur le peu de sécurité que présentaient les troupes contre une telle défection, il s'exprima ainsi : *Que voulez-vous que je fasse? je ne puis arrêter l'eau de la mer avec ma main.*

D. Quels détails M. le lieutenant-général comte de Bourmont, qui vous présenta à M. le maréchal Ney, vous donna-t-il sur l'esprit des troupes mises en mouvement par lui?

R. Dans la conversation que j'avais eue avec M. le comte de Bourmont, avant de nous rendre chez M. le maréchal, ce lieutenant-général paraissait croire que les troupes, entraînées par son

exemple, se battraient contre celles de Buonaparte. Il ne dissi-
mulait pas, cependant, qu'elles étaient animées d'un assez mauvais esprit, mais, disait-il, je me mettrai à leur tête, je prendrai
le fusil du premier grenadier, je tirerai, et il faudra bien que les
autres m'imitent. Il me raccouta, à ce sujet, le serment que la
veille (le 13) on avait fait individuellement prêter à tous les sous-
officiers, par ordre du maréchal; serment qui lui paraissait, par
la manière dont ceux-ci l'avaient prêté, un garant de leurs bonnes
dispositions. Je lui demandai, en sortant de chez le maréchal, s'il
comptait bien sur sa fidélité; je crois être sûr qu'il me répondit :
Je puis ne pas croire à son dévouement, maie je compte sur sa
loyauté.

D. Est-il vrai que vous lui conseillâtes de se retirer, avec les
troupes sous ses ordres, sur Chambéry ? Quels motifs aviez-vous
pour lui donner un tel conseil, si contraire aux instructions qu'il
avait reçues des ministres du Roi, et aux opérations militaires qu'il
dirigeait?

R. Dans le cours de la conversation avec le maréchal Ney, je lui
avais parlé du régiment qui faisait son avant-garde à St.-Amour,
et duquel des notions que j'avais me faisaient craindre la prochaine
défection (St.-Amour est sur la route de Bourg à Lons-le-Saulnier).
En causant sur les moyens de résistance qu'on pouvait opposer
à la rebellion, je crois lui avoir répété ce que j'avais précédemment
observé à M. de Bourmont, que, n'ayant qu'environ quatre à
cinq mille hommes, il me paraissait impossible, avec cet esprit de
vertige qui se développait parmi les soldats, qu'il pût espérer aucune chance avantageuse en marchant sur les troupes de Buonaparte, et que le seul parti à prendre dans cette position, me
paraissait de marcher sur les derrières de Buonaparte, d'aller
rétablir l'autorité royale à Lyon et à Grenoble, et donner la main
au maréchal Masséna, que je croyais en marche avec les troupes
et les gardes nationales de la Provence, etc. Je crois avoir ajouté
que les lettres que j'avais reçues de Genève ne me permettaient
pas de douter que des troupes suisses ne fussent déjà en marche,
et disposées à se joindre à la cause du Roi. Il est possible qu'en
parlant de la jonction des troupes suisses, j'aie proposé de faire
passer une division par Chambéry, où la jonction pourrait s'opérer,
mais je ne m'en souviens pas. On concevra aisément qu'après sept
mois, ma mémoire n'ait conservé que les choses principales, que
les masses importantes de ce que j'ai entendu ou dit, à cette
époque, mais celles-là n'en sortiront jamais. Je me souviens à
merveille que l'idée d'appeler des troupes étrangères à notre se-

cours, parut blesser le maréchal Ney, et qu'il dit que le jour où des étrangers viendraient se mêler de la querelle, toute la France serait pour Buonaparte. Je me rappelle aussi les expressions prononcées par lui, avec une sorte de véhémence : *Cet événement-ci portera la terreur jusqu'au Kamtschatka.* C'est la seule partie de la conversation qui m'inspira des soupçons, et qui fit faire au général Bourmont la question déjà rappelée sur la fidélité du Maréchal, au moment où nous nous retirions ; je demandai au maréchal Ney s'il n'avait pas d'ordre à me donner ; il me dit de revenir chez lui de midi à une heure. Je ne rapporte de cette conversation que les circonstances qui présentent de l'importance. Celles-là ne sont point sorties de ma mémoire : je ne parle pas de la sollicitation que je fis au maréchal de révoquer l'ordre qu'il avait donné, la veille, de faire nourrir les troupes en marche par les habitants, ordre qui paraissait de nature à servir les projets de Buonaparte, en portant du mécontentement dans la population, etc., etc.

D. Pensez-vous que M. le maréchal Ney était en mesure de s'opposer efficacement, avec les troupes sous ses ordres, au progrès de l'invasion de Buonaparte en France ?

R. J'ai déjà répondu à cette question : j'étais convaincu que les troupes du maréchal Ney, mal disposées et inférieures en nombre, n'auraient pas tenues devant celles de Buonaparte, et auraient immédiatement grossi le nombre des traîtres : cette opinion résultait, pour moi, de tout ce qui s'était passé déjà ; et surtout de la défection du soixante-seizième régiment. Il était sous mes yeux depuis dix mois, j'avais mis toute espèce de soins à l'observer, et à m'assurer de son esprit, et j'étais convaincu que c'était un des régiments de l'armée sur lesquels on pouvait compter le plus, et cependant en deux ou trois jours une sorte de vertige ou plutôt un délire que j'ai considéré comme une rechute de la révolution, se développa parmi ses soldats, au point de rendre inutiles tous les efforts des officiers, et ils en fit beaucoup et j'en fis beaucoup avec eux. Le major arrêta le 12 au soir, par son énergie, une première insurrection : une partie du régiment était alors en marche et rentra le lendemain avec le colonel. Celui-ci lutta jusqu'au dernier moment et contre son régiment et contre lui-même, et je suis persuadé que c'est malgré lui qu'il se laissa entraîner.

D. Est-il parvenu à votre connaissance que M. le maréchal Ney ait pris des mesures contre les intérêts du service du Roi avant le

14 mars dernier dans son gouvernement de la 6ᵉ. division militaire?

R. Il n'était point alors, et il n'est pas parvenu à ma connaissance, que M. le maréchal n'eût pris avant le 14, jour de sa défection , aucune mesure contraire au service du Roi. Toutefois cette question m'impose la nécessité de m'expliquer sur ce qu'on m'a d'abord rapporté, et que j'ai entendu dire au maréchal Ney, lui-même. Pour me conformer au réquisitoire, je vais entrer dans tous les détails qui sont à ma connaissance et qui peuvent jeter quelques lumières sur cette affaire. Sorti de chez M. le maréchal Ney, j'accompagnai M. de Bourmont à la préfecture où il était logé, et après avoir causé quelque temps avec mon collègue sur la funeste crise où se trouvait la France, je rentrai à mon auberge, j'etais excédé de fatigue, je me jetai sur mon lit. Vers midi, mon valet-de-chambre vint me réveiller pour me dire que le maréchal Ney venait de proclamer l'Empereur Napoléon à la tête de ses troupes; qu'il en avait été témoin.

Je ne pouvais pas le croire. Je courus chez M. le comte de Bourmont; je le trouvai profondément pénétré de douleur et d'indignation. Après m'avoir parlé de l'inconcevable proclamation du maréchal, il me donna les détails suivants. Je répète que ma mémoire n'a conservé et ne peut avoir conservé que les choses principales ; mais je suis sûr de leur exactitude , puisque les mêmes choses, après m'avoir été dites par le comte de Bourmont, me furent ensuite répétées par le général Lecourbe, et, comme on le verra ci-après, par le maréchal lui-même. Ce maréchal avait appelé chez lui, quelque temps avant l'heure assignée à la réunion des troupes, MM. les lieutenants-généraux Lecourbe et de Bourmont, et leur avait dit que la cause des Bourbons était à jamais perdue : que c'était leur faute ; qu'ils ne pouvaient désormais régner en France : que ce qui se passait actuellement était le résultat d'un projet arrêté entre lui, plusieurs maréchaux et le ministre de la guerre ; que les troupes avaient été placées et disposées par ce ministre, de façon à se trouver successivement sur les pas de Buonaparte et à se donner à lui; qu'ils avaient été réduits à cette extrémité, après avoir inutilement tout tenté pour ramener le Roi aux promesses qu'il leur avait faites, et à une conduite plus conforme aux intérêts de la France : qu'ils n'avaient pu tenir aux humiliations qu'eux et les leurs n'avaient cessé d'essuyer de la part de la cour, et moins encore à l'idée que leur gloire était sacrifiée. Qu'après s'être arrêté à la nécessité de changer de dynastie, ils avaient d'abord songé à couronner le duc d'Orléans ; mais qu'ils avaient acquis la certitude qu'il ne s'y prêterait pas. Que dans l'intervalle qui sétait écoulé pendant ces hésitations, ils avaient été informés que la reine Hortense avait déjà préparé le rétour de Buonaparte en France, et que la force et l'urgence des événements les avaient, malgré eux, contraints à se joindre à elle : qu'ils sentaient à merveille qu'eux et la France avaient tout à craindre de l'ambition de cet homme ; mais qu'ils espéraient que le malheur l'aurait rendu plus sage ; que d'ailleurs ils sauraient bien le contenir ou s'en défaire, s'il les réduisait à cette nécessité ; que tout cela s'était fait d'accord avec l'Autriche, que cette puissance avait envoyé secrètement un commissaire à l'île d'Elbe, pour faire souscrire à Buonaparte, les conditions qu'on mettait à son rétablissement, et les garanties qu'on exigeait de lui : qu'il ne paraissait pas douteux aussi, que l'Angleterre y avait prêté les mains, et qu'ainsi, tout moyen d'arrêter un tel événement, était désormais impossible ; enfin qu'il y avait dans le conseil du Roi, plusieurs personnes associées à ce projet.

Il est impossible que dans tout cela, ma mémoire fasse quelques transpositions, mais je suis assez sûr d'elle pour être certain que c'est bien le résumé de ce qui me fut rapporté par M. le général de Bourmont, par le général Lecourbe, et dit ensuite par le maréchal Ney. Je me rappelle que je remarquai alors une conformité presqu'entière, entre ce que me rapportèrent successivement ces deux officiers généraux, et ce que dit après le maréchal Ney. Dans la conversation qui suivit son récit, M. de Bourmont me parut convaincu qu'il ne restait plus de ressources pour la cause royale, que dans l'intervention des troupes étrangères, mais qu'il ne fallait pas hésiter à les appeler, que quelque grand que fût le mal, il était préférable à celui de laisser la France, livrée à Buonaparte et à ses troupes, devenues désormais les cohortes prétoriennes. Je partageai cette conviction. Je lui proposai, dans l'embarras où il me parut de sa position, et s'il voulait partir de suite, de lui donner une place dans ma voiture, et que nous nous rendrions ensemble à Paris, par les routes qui ne seraient point encore coupées, dans l'espoir d'y trouver encore le Roi, ou bien, que si nous ne pouvions pas exécuter ce projet, nous nous rendrions en Suisse, pour de là, aller joindre S. M., partout où elle serait. Le général approuvait fort ce projet, mais il fut retenu par l'espoir de conserver au Roi la place de Besançon, dont les principaux officiers venaient de se rendre auprès de lui, pour lui protester de leur fidélité. Je le laissai dans ces dispositions, lui promettant de ne pas partir sans le revoir. Je fus voir immédiatement le général Lecourbe, qui ne m'exprima pas moins d'indignation sur ce qui venait de se passer, et qui me montra la même volonté d'être fidèle au Roi, auquel il devait tout, et duquel il devait tout espérer ; tandis qu'il avait tout à craindre de Buonaparte. (Je cite ses expressions). J'ai déjà rendu compte de ce qu'il m'avait rapporté, comme ayant été dit par le maréchal Ney, à M. de Bourmont, et à lui, quelques instants avant la défection de ce maréchal. Toutefois, le général Lecourbe entra à ce sujet, dans moins de détails que ne m'en avait donné le général Bourmont : il ajouta qu'il avait écrit, ou qu'il allait écrire à Paris, le récit de ce qui s'était passé, et que sa lettre serait portée par un ancien coureur de Lons-le-Saulnier, homme dont il était sûr, et qui ferait la route en trente-six heures. Au sortir de chez le général Lecourbe, un officier qui se trouvait dans la rue, me dit qu'il fallait me rendre chez le maréchal Ney. J'hésitai, mais la réflexion que j'étais à Lons-le-Saulnier, au pouvoir de ce maréchal, et la crainte qu'il ne me fît arrêter et conduire à Buonaparte, me firent sentir la nécessité d'user de ménagement et de précaution. Je me rendis donc chez le maréchal ; il était occupé, dans ce moment, il me fit dire de repasser à quatre heures. Dans l'intervalle, je préparai tout pour mon départ ; Je fus chez M. le marquis de Champagne, encore maire de Lons-le-Saulnier, qui me donna un passe-port pour Paris, et me chargea de mettre aux pieds de S. A. R. Monsieur, l'hommage de sa fidélité, quelque puissent être les événements. Revenu à quatre heures chez le maréchal, il me reçut ; parmi ses dernières paroles, fut l'invitation d'aller reprendre mes fonctions, au nom de l'Empereur Napoléon.

Le refus que je lui exprimai, cependant avec tout le ménagement dont ma position lui faisait sentir la nécessité, parut lui donner un mouvement d'humeur ; mais il prit aussitôt le ton de la persuasion, pour me dire ; que c'était duperie a moi, de tenir à mon serment, envers une famille qui ne pouvait plus régner, dont les vieilles idées ne convenaient plus à nos mœurs : que lui-même n'aurait pas quitté la cause du Roi, s'il avait cru que son règne pût le maintenir, et faire le bonheur de la France ; mais qu'il était français, avant tout, et se devait à sa patrie, et que je devais, ayant les mêmes obligations, suivre le même exemple ; qu'en supposant que j'eusse la crainte que l'Empereur eût conservé du ressentiment contre moi, de l'affaire de Genève, pour la reddition de laquelle il m'avait mis en jugement, il se croyait autorisé à me rassurer ; qu'indépendamment de ce que je n'avais aucun tort dans cette affaire, l'Empereur venait avec l'engagement et l'intention positive d'oublier le passé, de rallier tous les français ; je lui objectai que ce n'était nullement ma crainte, mais que je cédais à des engagements qui étaient d'un bien autre prix à mes yeux, etc. etc. Il répliqua qu'il respectait mes motifs, mais qu'encore une fois, ils n'étaient pas fondés, que c'était une fausse délicatesse de ma part ; ensuite, soit pour m'entraîner, soit pour légitimer à mes yeux sa conduite, il me dit à peu près, tout ce que j'ai déja rapporté, comme m'ayant été répété par les généraux Bourmont et Lecourbe. Il ajouta qu'au moment où il parlait, la même révolution éclatait à Paris, dirigée par le Ministre de la guerre, qu'il ne serait fait aucun mal au Roi, et à sa famille, que ni lui, ni les autres maréchaux ne souffriraient point qu'on manquât aux égards dus à cette famille malheureuse, qu'on la conduirait sur la frontière, et qu'ensuite, on lui assurerait un juste apanage. Ma résolution étant restée la même, il visa mon passe-port, pour qu'on me donnât des chevaux à la poste, et qu'on ne m'arrêtât pas en route.

Je ne pouvais ajouter foi à tout ce que venait de me dire le maréchal ; mais j'avoue que j'en crus une partie, et que j'eus la pensée que j'ai encore, que pour le reste, il était lui-même dupe de quelque lettre reçue de Buonaparte. En sortant de chez lui, je fus voir mon collègue, Vaulchier, alors préfet de la Creuse, qui venait de recevoir comme moi, l'invitation d'exercer ses fonctions, au nom de Napoléon, et que je trouvai dans les mêmes sentiments que moi, et faisant à la hâte, ses préparatifs de départ. Je passai encore chez le général Bourmont, qui n'était plus chez lui. J'espérais pouvoir partir à huit heures, mais quoiqu'il y eût des chevaux, le maître de poste me dit qu'il ne pouvait m'en donner qu'à onze heures : cette circonstance me donna des craintes ; à force de presser, je parvins à partir à dix ; je pris la route de Dôle, pour me rendre à Paris ; mais poursuivi par la même crainte, qu'on eût envoyé en avant, l'ordre de m'arrêter, je changeai de route, après la première poste, et pris le chemin de la Suisse. Cette crainte d'être arrêté en route, n'était pas sans fondement, puisque le colonel de gendarmerie, Tassin, qui commandait alors cette légion, m'a depuis dit à Gand, qu'il en avait reçu l'ordre. Je fus joint, avant d'arriver à Genève, par plusieurs jeunes gens de mon département, qui étaient partis comme moi, pour se rallier aux troupes du maréchal Ney, alors qu'ils le croyaient fidèle à la cause royale, et qui, après sa défection, s'étaient sauvés en toute hâte; l'un d'eux, M. de Bachet, aujourd'hui capitaine de gendarmerie, dans le département de la Haute-Saône, ne m'a point quitté, m'a suivi à Gand, et est rentré comme moi, à la suite du Roi. C'est à Bâle, que nous apprîmes que S. M. avait été obligée de quitter Paris.

Je crois n'avoir rien omis, et avoir prévu toutes les questions qu'on aurait pu me faire, en addition à celles qu'on m'avait adressées; enfin, tout ce qui pouvait de ma part, éclairer l'instruction de la procédure du maréchal Ney.

Nº. IV.—Déposition de M. Claude-Eugène-Frédéric GARNIER DE FALLETANS, âgé de 42 ans, maire de la ville de Dôle, y demeurant, reçue par M. Claude-Quentin Amandra, juge d'instruction près le tribunal de première instance de l'arrondissement de Dôle (Jura), le 13 octobre 1815.

Demande. Est-il parvenu à votre connaissance des mesures prises par le maréchal Ney à l'époque de son passage par la ville de Dôle, pour maintenir les troupes dans la fidélité qu'elles devaient au Roi?

Réponse. Lorsque M. le maréchal Ney passa à Dôle, dans l'après-midi du 15 mars dernier, revenant de Lons-le-Saulnier, j'étais alors maire de la ville de Dôle; quelques moments après son arrivée, il me fit dire par un gendarme de me rendre chez lui; il était logé chez M. Lebœuf de Valdehon, je déférai sur-le-champ à l'invitation qui m'était faite, et chemin faisant, je rencontrai M. le sous-préfet de l'arrondissement de Dôle, qui probablement avait reçu des ordres pareils à ceux qu'on venait de me donner; car ce magistrat se transportait comme moi chez M. le maréchal: nous y allâmes donc ensemble. Arrivés à l'hôtel de M. Valdehon et ayant été introduits dans les appartements, le maréchal nous reçut assez brusquement, et débuta par nous dire qu'il savait que nous étions l'un et l'autre des royalistes prononcés; puis entrant en matière, il ajouta, entre autres propos, que notre royalisme ne faisait absolument rien à l'empereur, que la cause des Bourbons était à jamais perdue; qu'au reste ils méritaient leur sort, attendu qu'aucun prince de cette famille n'était capable de gouverner ni de commander, que d'ailleurs le Roi avait déshonoré l'armée, particulièrement avili les maréchaux de France; qu'aussi depuis trois mois tous les maréchaux de France avaient formé le projet de renverser le gouvernement des Bourbons, qu'il y avait un mois que ce projet avait été définitivement arrêté, que les susdits maréchaux se proposaient de donner une constitution à la France, et que si Buonaparte se refusait de l'accepter et de la faire exécuter, ils sauraient bien se débarrasser de lui (effectivement le maréchal Ney en prononçant ces dernières paroles passa la main sous le menton); que ledit maréchal leur tint encore beaucoup d'autres propos, dont je ne me rappelle pas, que seulement je me souviens très bien l'avoir entendu se plaindre amèrement que les épouses des maréchaux ne recevaient que des malhonnêtetés à la cour, qu'elles n'y étaient pour ainsi dire plus regardées, et à cet égard, je crois devoir déclarer que dans le cours de la conversation que j'eus avec le maréchal Ney, celui-ci me dit, toujours en présence de M. le sous-préfet, que son épouse lui avait un jour demandé s'il était vrai que l'empereur revînt, à quoi il avait répliqué avec humeur : *qui vous l'a dit ?* et que sur la réponse de sa dite épouse que c'était la reine Hortense, il avait repris, *c'est une bavarde, et dans la crainte que vous commettiez la même indiscrétion, je vais vous faire enfermer dans un endroit où vous ne verrez personne ;* que de suite, lui, ledit maréchal, avait ordonné qu'on mît les chevaux à la voiture, et qu'il avait conduit lui-même son épouse dans une campagne où il l'avait laissée, en recommandant expressément de ne la laisser parler à qui que ce soit.

Que cela fait, il était revenu, s'était rendu sur-le-champ chez la reine Hortense, lui avait reproché vivement son indiscrétion, que lui-même, le maréchal, dit à ce sujet, *qu'il lui avait fortement lavé la tête.*

M. le maréchal Ney n'a absolument rien fait, lors de son passage à Dôle, pour maintenir les troupes dans la fidélité qu'elles devaient au Roi; au contraire, il a continué et persisté à les engager dans leur défection, ce qui d'ailleurs n'est pas étonnant, puisque lui-même, la veille, leur avait donné à Lons-le-Saulnier le signal de la révolte, du moins suivant ce qui m'a été rapporté par des personnes présentes. Enfin M. le maréchal m'a dit lorsque je pris congé de lui: *qu'il serait désormais le plus cruel ennemi des Bourbons.*

D. Croyez-vous que M. le maréchal Ney par ses discours, ses écrits et ses exemples ait engagé quelques officiers ou quelques corps de troupes à se réunir à Napoléon Buonaparte ?

R. Je crois avoir déjà suffisamment répondu à cette question par la réponse que j'ai attribuée à la demande précédente. Néanmoins j'ajoute qu'aussitôt après son arrivée en la ville de Dôle, M. le maréchal Ney ordonna qu'on réimprimât et affichât de suite une proclamation qu'il avait fait imprimer et afficher la veille à Lons-le-Saulnier, c'est-à-dire, le 14 mars, ce qu'on fut obligé d'exécuter; il enjoignit de plus qu'on arborât sur-le-champ le drapeau et la cocarde tricolores, et le soir même un peu tard, il envoya à la mairie l'ordre d'illuminer la ville, ce qu'on fut également obligé d'exécuter : bref, ledit jour 15 mars, M. le maréchal Ney établit à Dôle un commandant de place et fit donner des passes à tous les officiers, sous-officiers et soldats en demi-solde et autres qui voulurent suivre son armée ou rejoindre celle de Buonaparte, pour se rendre à Dijon, endroit désigné pour point de ralliement. (Instamment M. Garnier a remis et déposé sur le bureau, la proclamation de laquelle il vient de parler, et nous avons coté et paraphé cette proclamation *ne varietur*, pour être jointe aux pièces de la procédure.)

D. Savez-vous pourquoi M. le maréchal Ney a donné à Auxerre, le 19 mars dernier, l'ordre de vous faire arrêter?

R. Je l'ignore, à moins que cependant, il n'eût été mécontent des réponses et des observations que je m'étais permis de lui adresser chez M. Valdehon, ou qu'il eût trouvé mauvais que je me fusse rendu à Auxonne à la tête des volontaires de la garde nationale de Dôle, dans l'intention de défendre cette place, bien que néanmoins je n'eusse agi dans cette occasion, que d'après des ordres datés de Lons-le-Saulnier, le 13 mars, ou bien encore que je n'eusse été desservi auprès de lui et dénoncé par quelqu'un.

D. Avez-vous été arrêté?

R. Non, attendu que je fus prévenu dans la nuit du 20 au 21 mars, de l'ordre d'arrestation lancé contre moi, que l'on allait cerner ma maison et s'assurer de ma personne, de sorte que je pris le parti de m'évader, et j'ai erré pendant trente-deux jours dans la forêt royale de Chaux.

D. Quelle conduite les troupes sous les ordres de M. le maréchal Ney tinrent-elles à leur passage à Dôle?

R. Elles s'y comportèrent parfaitement bien et ne s'y permirent aucun excès.

D. Croyez-vous que M. le maréchal Ney était en mesure de s'opposer, efficacement, avec les troupes sous ses ordres, aux progrès de Napoléon Buonaparte en France?

R. Oui je le pense, pris égard que sa position militaire était excellente et rendait très critique celle de Buonaparte, que d'un autre côté M. le maréchal Ney commandait un corps d'armée assez considérable, et qu'un très grand nombre de gardes nationaux se seraient réunis à lui, plusieurs même lui ayant déjà offert leurs services.

D. Avez-vous encore quelque chose à déclarer ?

R. Non, j'ai dit tout ce qui était à ma connaissance.

N°. V. — Déposition de M. Bertrand Bessieres, âgé de quarante-deux ans, maréchal-de-camp, demeurant à Prayssac, reçue par M. Pierre Sers, juge d'instruction du tribunal civil de première instance de l'arrondissement de Cahors, le 15 octobre 1815.

Demande. Qu'est-il parvenu à votre connaissance des mesures prises par M. le maréchal Ney à Besançon, pour maintenir les troupes dans la fidélité qu'elles devaient au Roi ?

Réponse. Je n'ai aucune connaissance des mesures que le maréchal Ney a prises pour maintenir les troupes dans la fidélité au Roi à Besançon ; mais lorsque nous avons été en corps pour lui rendre visite, il nous a recommandé fidélité au Roi.

D. Est-il vrai qu'il n'y avait ni armes, ni munitions disponibles pour les volontaires royaux à Besançon ?

R. Il n'y avait que des carabines et de mauvais fusils de munition, qui furent à la disposition de ceux qui en demandèrent : au surplus, je n'ai pas cela bien présent à la mémoire. Il y avait de la poudre et très peu de plomb.

D. Est-il vrai que M. le maréchal Ney fit désarmer la place de Besançon, et savez-vous par quel motif il le fit faire ?

R. Tout le temps que je suis resté à Besançon la place n'a pas été désarmée.

D. Quelle conduite les troupes tinrent-elles à leur sortie de Besançon, pour se rendre à Lons-le-Saulnier et autres destinations qui leur furent données ?

R. Les troupes tinrent une conduite disciplinée ; mais elles me parurent disposées en faveur de Napoléon Buonaparte.

D. Croyez-vous que M. le maréchal était en mesure, avec les troupes sous ses ordres, de s'opposer efficacement aux progrès de l'invasion de Napoléon Buonaparté en France ?

R. Non, parce que les troupes étaient disposées en faveur de Napoléon Buonaparte.

D. Quel était l'esprit du département du Doubs à l'époque du 11 mars et jusqu'au 14 de ce mois ?

R. La masse des habitants était en faveur de Napoléon ; cependant, à Besançon, il n'y avait que la populace.

D. Quels ordres vous donna-t-il en vous chargeant du commandement provisoire de la 6e. division militaire ?

R. Je n'ai reçu aucun ordre du maréchal Ney au sujet de ce commandement.

N°. VI.—Déposition de M. Louis-René-Simon marquis de Vaulchier de Deschaux, âgé de 35 ans, préfet de la Corrèze, reçue par M. Gabriel Soleillet, juge d'instruction à Tulle, le 17 octobre 1815.

Demande. Pourriez-vous donner des détails sur la mission qui fut confiée par M. le maréchal Ney au chevalier de Rochemont pour avoir des nouvelles de la marche et des forces de Buonaparte ?

Réponse. M. le baron Jarry, maréchal de camp, commandant le département du Jura, amena chez moi M. le chevalier de Rochemont, le 15 mars dernier, vers onze heures du matin; il me dit qu'il avait proposé à M. le maréchal Ney d'employer ce jeune homme, pour connaître la marche et les forces de Buonaparte, que M. le maréchal ayant adopté cette idée, je devais viser le passe-port de M. de Rochemont. Je m'empressai de le faire et je me rappelle que j'antidatai de quelques jours le visa, afin qu'on soupçonnât moins l'objet de cette mission. Tout me porte à croire que M. le chevalier de Rochemont s'en chargeait dans l'intention de servir le Roi avec zèle et fidélité.

D. Quelle était en général la disposition des habitants du département du Jura pour le service du Roi, et que firent-ils pour s'opposer aux progrès de l'invasion de Buonaparte ?

R. Le département du Jura n'eut pas le temps de se prononcer. L'inquiétude générale et la bonne volonté d'un assez grand nombre d'habitants firent place à l'effroi ; nos moyens naissants de résistance se rattachaient naturellement à M. le maréchal qui promettait de les mettre en œuvre pour déterminer un premier engagement entre les troupes fidèles encore et celles qui suivraient les étendards impériaux; la déclaration de ce général au 14 mars détruisit tout espoir d'organiser les compagnies de volontaires qui retournèrent chez eux, ou furent contremandés. Plusieurs de ces volontaires s'étaient présentés à M. le maréchal qui en accueillit assez bien un grand nombre, mais il dit devant moi, que tous ces gens qui faisaient parade de dévouement ne serviraient qu'à embarrasser au moment du danger et que le premier coup de fusil les ferait fuir. Je lui demandai l'autorisation de distribuer des cartouches à la garde nationale ; il me le refusa. Cependant on m'assura le 13 mars dans la soirée, que M. le maréchal venait de charger M. le comte de Bourmont de l'organisation et du commandement des volontaires. J'ai su depuis qu'environ cinquante de ceux-ci partirent de Dôle le 14, réunis sous le commandement de M. Garnier, alors maire de cette ville, pour concourir à la défense d'Auxonne. M. Garnier peut raconter l'issue de cette expédition et la conversation qu'il eut à son retour avec M. le maréchal à Dôle.

D. Quelle était la disposition des troupes et qu'en espérait-on pour le service du Roi ?

R. La disposition des troupes était équivoque ; je parlai aux officiers de deux régimens d'infanterie qui me parurent très froids. On commença partout à espérer qu'elles feraient leur devoir, au moment ou M. le maréchal vint se placer à leur tête ; on attendait beaucoup alors de la confiance que saurait leur inspirer un général aussi distingué, qui ne semblait pas moins lié à la cause du Roi par intérêt, que par honneur, par devoir et par sentiment.

D. A quelle époque vîtes vous M. le maréchal pour la première fois dans votre département après l'invasion de Buonaparte, et que vous dit-il dans votre première entrevue ?

R. Je vis M. le maréchal dans la matinée du 12 mars à Lons-le-Saulnier ; il y était arrivé vers 2 heures du matin avec M. le comte Bourmont. Il refusa le dîner que je lui offris et me dit qu'il était chez lui près de ses cartes ; en effet, il en avait plusieurs déployées sur sa table, et qu'il préférait ne pas s'en éloigner ; il se plaignit des mauvaises dispositions qui avaient été faites avant son arrivée, ajouta qu'il s'était empressé de contremander toutes les troupes qui avaient reçu l'ordre de se diriger vers la Loire, afin de les concentrer autour de lui, et d'empêcher par-là leur défection. En effet, j'avais écrit au moment de son arrivée au préfet de Saône-et-Loire, la lettre dont la teneur suit, et qui a été littéralement copiée sur la présentation qu'a faite M. le marquis de Vaulchier de la minute qui a été par lui retirée ensuite :

Lons-Le-Saulnier, le 12 mars 1814.

A M. le préfet de Saône-et Loire.

Monsieur et cher collègue, je m'empresse de vous prévenir que M. le maréchal Ney vient d'arriver ici, qu'il rassemble un corps d'armée et se dispose à marcher sur l'ennemi ; M. le maréchal désire que je vous invite à vous procurer des nouvelles de ce qui se passe à Lyon, et de la direction que prennent les troupes ennemies, si elles quittent cette ville, en quel nombre elles se portent sur tel ou tel point, et ce que Buonaparte en aurait laissé dans Lyon.

Il faudrait envoyer à la fois plusieurs hommes et vous arranger pour transmettre deux ou trois fois par jour à Lons-le-Saulnier, les rapports qui vous seraient parvenus. Afin de hâter nos communications, il faudrait vous servir de chevaux de poste pour les hommes que vous enverriez, et M. le maréchal me charge de vous dire, qu'il vous garantit le remboursement de tous les frais que pourra occasioner ce service.

Dans le cas où quelques troupes, convois d'artillerie ou transports de munitions passeraient à Châlons se dirigeant sur Lyon, vous voudrez bien montrer au commandant ou conducteur l'ordre ci-joint, et le faire rétrograder sur Auxonne ou sur Dôle suivant qu'il viendrait de l'une ou de l'autre de ces villes.

Des bouches à feu et des caissons chargés ont l'ordre de se rendre en poste à Lyon, en passant par Châlons. Ils ont dû recevoir contre-ordre et rétrograder sur Auxonne, mais si par hasard ils avaient dépassé Châlons sans recevoir ce contre-ordre, M. le maréchal Ney voudrait que vous expédiassiez un courrier à leur suite, qui leur porterait le présent ordre et les ferait rétrograder en poste sur Auxonne.

En retirant cette lettre, M. le préfet a dit :

Je dois ajouter que plusieurs personnes m'ont assuré que les caissons expédiés de Besançon à la suite des corps d'armée opposés à Buonaparte étaient vides.

Puis il a continué en ces termes :

Il me dit encore que cette guerre ne ressemblait point à une autre et qu'elle devait se faire avec beaucoup de précautions. Je lui demandai la permission de lui communiquer tous les renseignements que je pourrais recueillir, et il m'assura qu'il était accessible à toute heure du jour et de la nuit quand le service le réclamait.

D. Quelles mesures le maréchal prit-il pour maintenir les troupes dans le devoir et la fidélité qu'elles devaient au Roi ?

R. J'ignore les mesures qu'il a prises pour contenir les troupes dans le devoir, il m'en paraissait médiocrement occupé. Mais j'avoue que j'avais trop de confiance dans les bonnes dispositions de M. le maréchal pour soupçonner et surveiller sa conduite, cependant, j'ai ouï dire qu'il avait parlé très convenablement, jusques au 13 au soir, aux officiers qui lui furent présentés. M. de Branges de Bourcia, alors sous-préfet de Poligny, qui reçut chez

lui M. le maréchal le 11 mars au soir, et lui offrit à souper, m'a
conté des choses assez remarquables sur les démonstrations de
zèle de ce général, que tant de gens regardaient alors comme le
sauveur de la France.

D. Pensez-vous que les écrits, les discours et l'exemple de M.
le maréchal Ney, aient entraîné les troupes à se réunir avec lui à
Buonaparte?

R. Je ne sache pas que M. le maréchal Ney ait dit ou écrit quelque chose avant le 13 mars au soir, pour entraîner les troupes à se
réunir avec lui au parti de Buonaparte : ce même soir, à neuf
heures, il ordonna d'envoyer en toute hâte deux hommes à Châlons
pour reconnaître l'armée rebelle, de placer des relais pour que
leur retour fût le plus prompt possible; il insista beaucoup sur
l'importance de ce message, et pour me le faire sentir davantage il
m'assura que sur leur rapport il attaquerait; l'un de ces hommes
fut M. Désiré Monnier, actuellement secrétaire particulier de M.
le préfet du Jura, et l'autre un gendarme que son capitaine M. De-
latour me désigna comme très dévoué et très sûr : j'appris depuis
qu'ils avaient rempli leur mission, mais j'avais dû quitter Lons-
le-Saulnier avant leur retour et je ne sais s'ils virent M. le maréchal.
Il est à présumer que les troupes n'avaient pas été travaillées,
puisqu'une partie de ses soldats, au moment de la déclaration de
M. le maréchal, crièrent deux ou trois fois *vive, vive le Roi!* parce qu'ils avaient mal entendu ou mal compris ; tandis que les autres
criaient *vive l'Empereur!*

Mais si la faculté d'ajouter tous les détails qui peuvent jeter
quelque lumière sur cette affaire, se change en obligation par l'effet
du serment contenu, ma réponse à la troisième question, je dois
dire qu'après sa déclaration datée du 13 et prononcée le 14 vers
onze heures du matin devant toutes les troupes assemblées, M. le
maréchal m'écrivit la lettre que je produis. (En même temps le
marquis de Vaulchier a présenté la lettre dont copie littérale suit
et qu'il a retirée après qu'elle a été copiée.

M. le préfet, je vous invite à prendre toutes les dispositions de
votre compétence pour le maintien du bon ordre dans votre département. Vous ordonnerez que personne ne soit inquiété pour
cause [de ses opinions, et ferez relâcher celles qui seraient déte-
nues pour cette raison; les personnes et les propriétés doivent
être respectées, tout vrai français ne doit connaître jamais que les
intérêts de la patrie; vous mettrez à exécution tous les ordres qui
vous seront transmis au nom de l'Empereur notre auguste souve-

rain, en ce qui concerne votre administration. Veuillez, monsieur, faire imprimer et afficher la présente, et m'en accuser la réception.

Le maréchal prince de la Moskowa, signé NEY.

Monsieur le marquis a continué en ces termes :

Avant de recevoir cette lettre, et immédiatement après la proclamation, M. le comte de Bourmont vint dans mon cabinet, accompagné de M. Fenouillot, conseiller en la cour royale de Bezançon, et voulut bien mé rendre avec beaucoup de suite, de présence d'esprit et de détail, la confidence que M. le maréchal Ney lui avait fait la veille au soir, ainsi qu'à M. le général Lecourbe, de ses projets pour le lendemain, des causes qui l'avaient déterminé à servir Buonaparte et à favoriser son retour, et des moyens employés pour parvenir à cette fin. Qu'ayant suivi le conseil de ne pas répondre par écrit à cette lettre, je me transportai chez M. le maréchal et lui dis, que je ne pouvais faire ce qu'il attendait de moi, attendu que mes serments ne me le permettaient pas, à quoi il répondit *vous faites une bétise*; qu'il ajouta à ce propos plusieurs calomnies en usage contre nos princes, et que voyant par mes répliques modérées, mais fermes, que je persistais dans ma résolution, il me donna l'ordre de rassembler les notables de la ville pour désigner un premier administrateur, et de motiver ma retraite par écrit. Qu'obligé pour complaire à M. Germain, doyen du conseil de préfecture de retourner le même jour chez M. le maréchal, afin de solliciter en faveur de ce magistrat une jussion d'administrer le Jura en l'absence du préfet, M. le maréchal entra dans quelques détails sur les motifs de sa conduite; nous assura que cette révolution était dès long-temps préparée, qu'il correspondait fréquemment et facilement, que le ministre de la guerre et plusieurs maréchaux, entr'autres le duc d'Albufera, étaient dans le complot, que le premier avait disposé de toutes les troupes de l'armée, de manière à servir l'invasion de Buonaparte, et à faciliter les défections, qu'il avait retenu monseigneur le duc de Berri dans la capitale, comme étant le seul des princes français qui pût inspirer à l'armée quelque dévouement à la cause des Bourbons, qu'ainsi tout se passerait sans effusion de sang, de la manière la plus calme et la plus irrésistible; il ajouta des choses méprisantes sur un prince, que le respect ne me permet pas de répéter, mais qui tendaient à démontrer la certitude des plans concertés; enfin il calomnia de nouveau les intentions et la conduite de tous ces princes, nous assura que l'Autriche était d'accord de tout ce qui se passait, et finit par ces mots

remarquables prononcés avec force : *il nous faut notre dynastie.*
Puis se tournant vers moi, il me dit encore: *vous croyez que les
Bourbons reviendront!* Je lui répondis que dans ma conduite je
n'avais pas d'arrière pensée, mais que j'agissais d'après mes de-
voirs. Il ajouta quelques mots assez polis, m'assura qu'il portait
tous les Français dans son cœur, et depuis je ne l'ai pas revu.

N°. VII. — Déposition de M. Etienne-Joseph DE BEAURE-
GARD, âgé de cinquante-deux ans, chef du 35°. escadron de
gendarmerie royale, commandant la gendarmerie du Jura et de
l'Ain, etc., reçue par M. Claude-Félix-Benoist Vuillermot, juge
d'instruction près le tribunal de première instance, séant à Lons-
le-Saulnier, le 16 octobre 1815.

Demande. Avez-vous connaissance des dispositions que prit
M. le maréchal Ney, le 12 mars dernier, à Lons-le-Saulnier,
pour s'opposer aux progrès de l'invasion de Buonaparte en
France?

R. Réponse. Non.

D. Quelle mesure secrète prit-il avec vous le 12 mars relativement au service du Roi?

R. Il me demanda deux gendarmes sûrs qu'il voulait envoyer
à Lyon, déguisés, pour savoir ce que Buonaparte faisait à Lyon,
la quantité de troupes qui y étaient, la quantité d'artillerie qu'il
pouvait avoir avec lui, et le nombre des généraux qui comman-
daient sous ses ordres, et pour savoir quel était l'esprit public de
Lyon; il n'a pas pris d'autres mesures secrètes avec moi.

D. Est-il vrai que vous ayant demandé chez lui dans la nuit du
12 mars, il vous a ordonné de lui envoyer deux de vos gendarmes habillés en bourgeois, qu'il avait l'intention d'envoyer sur
la Saône, pour savoir quelles étaient les forces de Buonaparte,
et les dispositions qu'il avait prises?

R. Oui, je viens de l'expliquer ci-dessus : le gendarme Vuillemot fut expédié par Mâcon sur Lyon, et Remy par Bourg,
directement sur Lyon.

D. Ces deux gendarmes reçurent-ils, en effet, des instructions
verbales ou écrites pour cette mission?

R. Ils n'en reçurent que de verbales, mais qui ne me parurent point assez détaillées pour une mission aussi délicate et aussi
importante.

D. Quel jour et à quelle heure les fîtes-vous partir?

R. Le 12 mars après-midi.

D. Jusqu'à quel endroit allèrent-ils?

R. Le brigadier Remy alla jusqu'à Lyon, et le brigadier Vuillemot resta à Mâcon où arrivait Buonaparte ; il ne crut pas devoir aller plus loin.

D. Quel rapport firent-ils au maréchal, et en quel endroit ?

R. Le brigadier Vuillemot revint le premier, et se présenta
de suite, le 14 à neuf heures du matin, chez M. le maréchal Ney,
logé à l'auberge de la *Pomme d'or*, pour lui rendre compte de
sa mission ; mais au moment où ledit Vuillemot commençait à
lui rendre compte de ce qu'il avait vu, le maréchal l'interrompit,
en lui disant : « c'est bon, c'est bon, vous pouvez vous retirer. »
Vuillemot lui demanda s'il devait revenir, et le maréchal lui dit
que cela était inutile. Je tiens cela du brigadier Vuillemot, qui
m'en a rendu compte ; quant au brigadier Remy, il n'est arrivé
qu'après le départ du maréchal.

D. Pourriez-vous donner copie de ces rapports ou les origi-
naux ?

R. Il n'en a pas existé d'autre que celui verbal dont je viens
de parler.

D. Qu'avez-vous entendu dire et faire, à Lons-le-Saulnier, à
M. le maréchal Ney pour ou contre le service du Roi ?

R. Le 13 mars, à onze heures et demie du soir, je reçus un
rapport du capitaine Commoy, commandant la gendarmerie de
l'Ain ; ce rapport m'expliquait le départ de Buonaparte de Lyon,
le nombre de troupes qu'il avait avec lui, et il y était joint toutes
les proclamations de Buonaparte. Je me rendis de suite chez M. le
maréchal, que je trouvai tête-à-tête avec M. le lieutenant-général
comte de Bourmont ; je lui fis part du motif de ma visite, il me
loua de mon zèle, et prit lecture des papiers que je venais de lui
remettre. Après les avoir lus avec beaucoup d'attention, il se retourna vers M. de Bourmont et moi, en disant beaucoup d'injures
sur le compte de Buonaparte. Je lui redemandai mon rapport,
qu'il refusa de me rendre en disant qu'il lui était nécessaire. Il était
minuit et un quart. Je lui demandai ses ordres, et je me retirai. Le
14, à sept heures du matin, le maréchal-des-logis de gendarmerie
de semaine vint me rendre compte que M. le maréchal passait une
revue générale de toutes les troupes, infanterie et cavalerie, qui se
trouvaient à Lons-le-Saulnier ou cantonnées dans les environs : à
onze heures et demie, je me rendis sur la place de la Chevalerie,
où déjà se trouvaient réunis les 60e. et 77e. de ligne. Les deux
régiments de cavalerie arrivèrent successivement après. A midi,
M. le maréchal arriva à la Chevalerie, suivi de quelques officiers-
généraux et de son état-major. Il se promena long-temps, l'œil très

animé et l'air très préoccupé. Après avoir marché long-temps avec beaucoup d'action, il s'approcha des troupes, et dit à MM. les colonels de faire former le bataillon carré, et fit donner l'ordre aux officiers et sous-officiers de la cavalerie, qui étaient dans une prairie voisine, de mettre pied à terre et de se placer au centre. Après cet ordre donné, il se retourna, et dit que les bourgeois se retirent derrière l'infanterie; et, s'adressant à M. le comte de Grivel, inspecteur de la garde nationale, il ajouta : même vous, M. de Grivel. Le bataillon carré se forma, et M. le maréchal tira de sa poche un papier, et lut à haute voix sa harangue aux troupes, en leur annonçant l'arrivée de Buonaparte et la chute des Bourbons. A l'instant, beaucoup d'officiers et de soldats sortirent de leurs rangs; toute la droite des régiments cria *vive l'empereur !* et la gauche, qui n'avait pas bien entendu à cause de l'éloignement, cria *vive le roi !* en mettant même leurs schakos au bout de leurs baïonnettes. Plusieurs officiers même retournèrent à leurs pelotons pour leur expliquer qu'il fallait crier *vive l'empereur !* Dès-lors, les cris devinrent généraux; le maréchal lui-même, en embrassant tout ce qui l'entourait, tambours, trompettes, fifres, etc., jetait son chapeau en l'air, en vociférant les mêmes cris. J'étais resté pétrifié à la même place où je me trouvais, lorsque le maréchal, passant devant moi, et lisant sur ma figure toute l'horreur dont j'étais pénétré, me prit violemment par le bras et me demanda, d'un ton féroce, si j'étais Français; je lui répondis que oui, et même bon Français. Il ajouta : — Eh bien ! mon ami, tout est fini, *vive l'empereur !* et il s'approcha pour m'embrasser. Je ne lui avais pas encore ôté mon chapeau ; je me retirai en arrière, et j'évitai son accolade en le saluant. Il donna l'ordre de faire défiler les troupes et m'intima celui de le suivre. Forcé d'exécuter cet ordre, je suivis lentement jusqu'à l'instant où je me trouvai débordé par le 1er. bataillon du 60e., et, passant entre les deux bataillons, je me retirai chez moi.

Vers trois heures, entendant des cris séditieux sur la place, je m'y transportai, et je vis que les soldats et la canaille pillaient une maison; j'y envoyai des gendarmes, et me rendis moi-même chez M. le maréchal. Je le trouvai seul dans sa chambre, occupé à écrire; il me demanda, d'un ton fort brusque, ce que je voulais. Je lui dis que je ne me trouvais plus à la hauteur de ma position, que je le priais de vouloir bien me l'expliquer; que l'on commettait, dans la ville, les plus grands désordres; que les jours de beaucoup de gens honnêtes, et connus pour leur dévouement au Roi, étaient menacés. Il me répondit que j'étais là pour le maintien de la tranquillité publique, et que je n'avais qu'à faire mon devoir. Je lui observai que je n'avais qu'une force morale à opposer, et qu'elle n'était pas suffisante, puisqu'il n'y avait plus de morale ni de discipline, et que ses soldats pillaient la ville. Il me dit : — Le café Bourbon, eh bien ! laissez-le piller, au demeurant tout est fini ; il y a trois mois que cette affaire est arrangée : le ministre de la guerre, tous les maréchaux avaient travaillé à l'ordre de choses qui allait se rétablir. Plein d'attachement et de vénération pour le maréchal Macdonald, je lui dis : *Même le maréchal Macdonald ;* il me répondit avec colère : Je ne sais pas où il est, votre maréchal. Je me retirai, et, depuis, n'ai pas revu le maréchal Ney.

D. N'avez-vous pas dit à plusieurs personnes, et notamment à M. Dumontoi, garde-du-corps, que l'armée que commandait M. le maréchal Ney, l'avait si peu entraîné à se déclarer pour Napoléon, qu'il fut obligé de haranguer ses troupes ?

R. J'ai dit effectivement que si les troupes n'avaient pas été séduites par le discours du maréchal Ney, elles eussent fait leur devoir. Je dois cette justice aux officiers des régiments ; la masse paraissait accablée et très affligée de ce qui venait de se passer.

N°. VIII. — Déposition de M. Jean-Baptiste Vuillermot, âgé de trente-six ans, brigadier de gendarmerie, à la résidence de Lons-le-Saulnier, reçue par M. Claude-Félix-Benoît Vuillermot, juge d'instruction à Lons-le-Saulnier, le 16 octobre 1815.

Demande. N'avez-vous pas reçu l'ordre de votre chef d'escadron, le 12 mars dernier, de vous habiller en bourgeois, conformément à celui qu'il avait reçu de M. le maréchal Ney, pour aller vers la Saône, afin d'avoir des nouvelles de la force des troupes commandées par Napoléon-Buonaparte ?

1re. *Réponse.* J'ai reçu l'ordre de mon chef d'escadron de me rendre chez M. le maréchal Ney ; il y vint avec moi le 12 mars dernier, et je m'y présentai en uniforme de gendarme, et en présence de mon chef d'escadron, il me dit de me déguiser en bourgeois et de partir pour Lyon, de passer par Mâcon, afin d'arriver par le faubourg de Veze, et là, de m'informer de la force des troupes de Buonaparte, du nombre des généraux qu'il pouvait avoir avec lui, si Buonaparte était bien ou mal reçu, et de l'esprit public à cet égard.

D. Partîtes-vous effectivement pour remplir cette mission ?

2e. *R.* Oui.

D. Jusqu'où allâtes-vous ?

3°. *R.* Jusqu'à Mâcon seulement, parce que son avant-garde y arriva le 13 à midi, annonçant qu'il arriverait lui-même à deux heures ; mais il n'arriva qu'à neuf heures du soir.

D. Quel rapport fîtes-vous de cette mission ?

4°. *R.* Je rapportai que Buonaparte était arrivé à neuf heures du soir à Mâcon, avec une quarantaine d'hommes, partie de gendarmes, partie de lanciers ; que la populace le reçut avec enthousiasme. Le maréchal Ney me dit alors : « C'est bon. » Je lui demandai si je devais repasser chez lui, parce que j'avais encore bien des choses à lui dire, relativement au nombre de troupes et à leur marche : il me répondit qu'il était inutile que je revinsse.

D. Fîtes-vous le rapport verbal ou par écrit ?

5°. *R.* Je n'en fis pas d'autre que celui dont je viens de rendre compte.

D. A qui fîtes-vous ce rapport ?

6°. *R.* Au maréchal Ney lui-même.

D. Dans quelle disposition d'esprit trouvâtes-vous les habitants des pays que vous parcourûtes ?

7°. *R.* De Lons-le-Saulnier à Bourg, je remarquai quel es habitants étaient tranquilles ; mais de Bourg à Mâcon j'aperçus de l'exaltation : les enfants même et les bergers répandus dans les campagnes, criaient *vive l'empereur!* A Mâcon, tous portaient déjà la cocarde tricolore, et l'on m'invita moi-même à la prendre. Je dois dire cependant que l'enthousiasme ne régnait que dans la classe du peuple.

D. A quelle époque êtes-vous revenu à Lons-le-Saulnier ?

8°. *R.* J'arrivai à Lons-le-Saulnier le 14 mars, à dix heures du matin, et j'allai de suite chez M. le maréchal Ney.

N°. IX.—Déposition de M. Jean-Claude REMY, âgé de 34 ans, cultivateur, ex-brigadier de gendarmerie, demeurant à Mont sous Vaudrey, reçue par M. Vuillermot a Lons-le-Saulnier, le 16 octobre 1815.

(*Voir les questions du précédent*).

1.re REP. Le 12 mars, mon chef d'escadron me fit appeler et me dit que le maréchal Ney désirait avoir deux personnes de confiance, pour une mission qui avait pour but, de reconnaître les forces et la marche de Buonaparte, ainsi que l'esprit public ; si l'on pouvait compter sur moi. Je lui répondis qu'oui, il me conduisit chez le maréchal, avec Vuillemot, mon camarade ; le maréchal me dit de me déguiser en bourgeois, d'aller à

Lyon par la route du Pont-d'Ain, d'observer l'esprit public, le nombre de troupes de Buonaparte, celui des généraux qui l'accompagnaient, et sa marche. Je lui observai qu'étant en habit bourgeois, je pourrais courir des risques en voyageant sans papiers. Il me dit : si vous êtes arrêté, vous direz que vous désertez, à supposer que vous soyez arrêté par les partisans de Buonaparte, et que vous venez prendre parti dans ses troupes.

2e. Rép. Oui.

3e. Rép. J'allai jusqu'à une lieue environ de Lyon, où j'appris que Buonaparte en était parti, se dirigeant sur Mâcon.

4e. Rép. Je ne fis point de rapport au maréchal Ney, parce qu'il était parti. J'allai trouver mon chef d'escadron, pour lui donner avis de mon retour.

5e. Rép. Je n'avais rien écrit.

6e. Rép. Je rendis compte à mon chef d'escadron, de ce que j'aurais dit au maréchal Ney, qu'ayant appris avant que d'arriver à Lyon, que Buonaparte en était sorti, j'avais cru devoir ne pas aller plus loin, et revenir sur mes pas.

7e. Rép. De Lons-le-Saulnier à Bourg, je ne m'apperçus de rien, mais à trois ou quatre lieues de Bourg, je trouvai des enfants et des jeunes gens qui criaient *vive Bonaparte*, et à quatre lieues de Lyon je vis déjà des cocardes tricolores, mais je ne me suis point occupé à questionner les habitants de ce pays-là ni à connaître leur esprit.

8e. Rép. J'y suis revenu, le 15 mars, à environ une ou deux heures après midi.

N°. X. — Déposition de M. Etienne-Anastase-Gédeon Jarry âgé de cinquante-un ans, maréchal-de-camp, chevalier de Saint-Louis, commandant le département du Jura, reçue par M. Vuillemot, juge d'instruction à Lons-le-Saulnier, le 16 octobre 1815.

Demande. A quelle époque vîtes-vous M. le maréchal Ney à Lons-le-Saulnier, dans le mois de mars dernier?

Réponse. Je l'ai vu tous les jours depuis son arrivée à Lons-le-Saulnier, jusqu'au 14 mars après-midi.

D. Que vous dit-il du débarquement de Buonaparte, de sa marche en France et de ses progrès?

R. Il me dit que Buonaparte avait réellement débarqué, que ses dernières campagnes étaient marquées au coin de l'extravagance, qu'il avait fait beaucoup de mal à l'armée et à la France, et qu'il fallait empêcher qu'il ne vînt recommencer : qu'il fallait

III.   4 bien s'entendre pour servir le Roi et la patrie ; que la chose serait bientôt finie, que ce n'était qu'un trac à faire, et qu'il fallait courir droit à la bête, ce qui fut dit en présence des généraux Lecourbe, Bourmont et de M. le marquis de Soran, aide-de-camp de Monsieur. Ce dernier manifesta au maréchal le désir de voir à la tête des colonnes une compagnie de la Maison du Roi, pour donner l'exemple du dévouement. Le 11 ou le 12, le général Bourmont, de la part du maréchal, m'a demandé des hommes sûrs et dévoués, sur lesquels on puisse compter pour être envoyés en mission sur Châlons, Mâcon et Lyon, pour y épier ce qui s'y disait et ce qui s'y faisait, concernant la marche et les succès de Buonaparte, que ces missionnaires recevraient l'argent et devaient correspondre et avec lui Maréchal, à Lous-le-Saulnier, et avec le général Gauthier, commandant à Bourg, qui avait des instructions particulières pour mouvoir les troupes et des ordres selon l'exigence des cas. Que j'ai conduit moi-même au maréchal le sieur de Rochemont, employé aux droits réunis, que j'ai cru dévoué au Roi, sur la communication de plusieurs lettres de M. de Blacas son protecteur, qui paraissait lui montrer de l'intérêt.

Que M. le général Lecourbe était chez M. le maréchal, que M. le maréchal sur la présentation que je lui fis de ce jeune homme, lui fit sa leçon, lui dit : vous pouvez dans votre mission, avec du zèle et du dévouement, rendre de très grands services au Roi, et lui dit, en lui prenant la main : partez, Monsieur, remplissez bien votre mission, vous avez besoin d'avancement dans votre partie ; sur ma parole d'honneur vous pouvez y compter. J'en rendrai compte au Roi qui vous récompensera, et comme il peut se faire que vous ayez besoin de plus d'argent que je ne vous en donne, et que d'après les événements, vous soyez dans le cas de vous retrouver avec le général Gauthier, soit en le rejoignant à Bourg, soit en le rencontrant dans ses mouvements, M. le général Lecourbe va vous donner une lettre de crédit sur le général Gauthier, ce qui fut fait à l'instant.

D. Que répondîtes-vous à tout cela ?

R. Je lui dis qu'il avait raison de craindre pour l'avenir le succès de l'entreprise de Buonaparte, et que même quelle que soit l'issue de cette entreprise, la France n'avait pas à en espérer une amélioration de sort. Comme il le disait très bien lui-même, et qu'il pouvait compter sur mon dévouement absolu pour le service de ma patrie et du Roi : à quoi il m'observa, qu'ayant été souvent sous ses ordres, et connaissant ma conduite militaire dans les affaires majeures, il avait lieu de compter sur moi, et qu'il ne m'oublierait pas près de S. M.

D. Pourquoi M. le maréchal Ney donna-t-il le 19 mars l'ordre de vous arrêter?

R. Ce ne pouvait être que sur le refus que j'ai fait d'obéir à l'ordre du maréchal, d'accepter le commandement supérieur de Besançon, où je devais me rendre de suite, (c'était le 14 mars sitôt après sa revue des troupes réunies à Lons-le-Saulnier, devant lesquelles il déclara la cause des Bourbons à jamais perduc, et proclama Napoléon Buonaparte, Empereur des Français) y faire fermer les portes de la ville, y faire arrêter le comte de Scey, préfet du Doubs, et le général Durand, comte de Besançon, les faire conduire à la citadelle, de réunir la garnison et les autorités civiles, leur faire proclamer Buonaparte Empereur, faisant arborer les drapeaux et cocardes tricolores par des publications dans la ville; en un mot, de répéter à Besançon, ce que lui maréchal avait fait à Lons-le-Saulnier, et que cela fait il me garantissait le grade de lieutenant-général. Que je rendrais compte du succès de ma mission au duc d'Albuféra à Strasbourg, ainsi que ce qu'il avait fait lui maréchal Ney à Lons-le-Saulnier, du plein succès qu'il y avait eu, et de celui que j'aurais aussi infailliblement obtenu à Besançon. Que M. le maréchal me donna sa parole d'honneur que la rentrée de Buonaparte était concertée avec les Empereurs de Russie et d'Autriche, les maréchaux de France et le ministre de la guerre. Que je répondis à M. le maréchal que je le remerciais de ses soins pour mon avancement, et que je ne voulais pas le devoir ni l'obtenir à ce prix. Que j'avais mis un terme à ma carrière militaire, que depuis nombre d'années j'avais mis toute mon ambition à obtenir pour récompense de mes services, le commandement du Jura, où je croyais être estimé de mes concitoyens, désirant finir mes jours avec honneur au milieu d'eux, et que pour cela, n'ayant rien à me reprocher dans ma longue carrière, je ne voulais pas la flétrir par un parjure, ayant juré fidélité au Roi et à la charte, qu'en conséquence je le priais de ne pas insister, et je me retirai de chez lui où il m'avait fait appeler pour cet objet. Qu'à huit heures du soir je fus encore rappelé chez lui au sortir de son dîner, et qu'il donna ses ordres de mouvement à plusieurs généraux et colonels qui s'y trouvaient, et qui paraissaient encore tout stupéfaits de la scène du matin. Il me demanda si je partais avec lui pour Dijon, à la rencontre de l'Empereur. Je lui répondis que non; que le Roi m'avait confié le commandement du Jura, et que le Roi seul ou son ministre devaient me donner des ordres; (il était neuf heures et

demie du soir) et ce même soir deux colonels et un aide-de-camp
du maréchal donnèrent leur démission. Que. rentré chez moi, je
reçus du maréchal Ney un ordre par écrit de quitter sur-le-champ
Lons-le-Saulnier, de me rendre à Besançon où je recevrais une
nouvelle destination. Je quittai Lons-le-Saulnier la même nuit, et
pour me soustraire aux poursuites du maréchal, je voyageai isolé-
ment par les chemins de traverse, jusque dans les environs de
Besançon, et après un couple de jours j'envoyai mon aide-de-camp
pour savoir ce qui me concernait, et donner en même-temps avis
au préfet et au commandant de Besançon des dangers qu'ils cou-
raient. Que mon aide-de-camp me rapporta une copie de lettre du
maréchal au général Bessières qui commandait le Doubs, certifiée
par lui, contenant par extrait : *M. le général Jarry est arrivé
ou doit arriver à Besançon, vous lui signifierez d'en sortir
sur-le-champ, et de n'y rentrer que lors de la réconciliation
générale de tous les Français qui aura lieu lors de l'arrivée de
l'Empereur à Paris.* Que sans entrer à Besançon, et sachant
que le maréchal était en plein mouvement sur Paris, je revins à
Lons-le-Saulnier pour y recevoir le 6e. régiment d'infanterie légère
qui devait arriver le 22, et qui avait aussi l'ordre de marcher pour
le prétendu troc, et que ce n'est que vers le 25 mars que je fus
prévenu par des amis de Dijon, de Besançon et de Lons-le-Saulnier, qu'un ordre du maréchal Ney en forme de placard, daté
de Sens le 19 mars, était affiché sur les murs de Sens, dans toute la
Bourgogne, à Auxonne, à Dôle, portant injonction aux autorités
civiles et militaires, particulièrement à la gendarmerie de m'arrêter et de m'emprisonner. Je ne connais d'autres motifs de cette
conduite du maréchal, à mon égard, que la mienne, et mon obstination à ne pas vouloir exécuter les ordres qu'il me donnait au
nom de l'Empereur.

D. Fûtes-vous arrêté?

R. Non, j'ai su m'y soustraire, ayant été averti à temps.

D. Comment et à quelle époque recouvrâtes-vous votre liberté?

R. Je n'en ai pas été privé.

D. Qui donna l'ordre de votre mise en liberté?

R. Un ordre du jour de la 6e. division militaire portant que M. le
maréchal Ney venait d'obtenir de l'Empereur que le général Jarry,
et autres détenus, seraient mis en liberté. Cet ordre du jour est,
je crois, du courant de mai.

D. Quelle était la disposition des troupes sous les ordres du
maréchal Ney, lors de leur passage à Lons-le-Saulnier, pour le
service du Roi?

R. Je crois que si elles n'eussent pas été travaillées, elles auraient été pour le service du Roi , partout où le maréchal les aurait conduites , ne montrant que très faiblement des dispositions contraires.

D. Croyez-vous que les discours , les écrits ou les exemples du maréchal Ney aient entraîné quelques officiers ou quelques corps de troupes à abandonner la cause du Roi?

R. Il n'est pas de doute à cela, l'influence d'un maréchal de France , jouissant d'une grande réputation militaire , étant trop naturelle pour ne pas entraîner les troupes habituées à obéir et à croire faire leur devoir : d'ailleurs ces troupes n'étaient pas depuis assez long-temps en paix pour s'être fixé une opinion assez forte pour réfléchir à la nature des commandements , et savoir les distinguer.

N°. XI. — Déposition de M. Nicolas-Philippe Guye , âgé de quarante-deux ans , maréchal-de-camp à Mont-Luçon , reçue par M. Alexandre Raby , juge remplaçant M. Cantal , décédé , juge d'instruction au tribunal de première instance du 1er. arrondissement de l'Allier , le 15 octobre 1815.

Demande. A quelle époque étiez-vous, dans le mois de mars dernier , à Lons-le-Saulnier ?

Réponse. Le 14, et même antérieurement audit jour 14 mars , comme étant alors le lieu de mon domicile habituel.

D. En quelle qualité y étiez-vous employé ?

R. Je n'y étais point employé ; j'y étais à demi-solde.

D. Par quel ordre y étiez-vous employé ?

R. Je n'y étais qu'à demi-solde , et non employé par quelque ordre que ce fût.

D. A quelle époque avez-vous vu pour la première fois le maréchal Ney à Lons-le-Saulnier ?

R. Etant instruit, le 11 mars dernier , que M. le maréchal Ney était arrivé à Lons-le-Saulnier , je lui rendis ma visite , ainsi que je le devais par état.

R. Que vous dit-il dans votre première entrevue ?

R. Après les compliments d'usage , le maréchal Ney me demanda si j'avais des chevaux , je lui répondis que j'en avais conservé, dans l'espoir d'être employé , surtout d'après l'assurance que m'en avait donnée S. A. R. Monseigneur le comte d'Artois, lors de son passage à Lons-le-Saulnier ; M. le maréchal Ney eut la bonté de me dire , qu'enfin je lui avais été noté avantageusement, et qu'il me ferait travailler avec lui à sauver la France , du danger dont elle était menacée par l'invasion de Napoléon Buonaparte , contre lequel il montra beaucoup de fureur et d'indignation , et ce , en présence de M. le marquis de Soran, aide-de-camp de S. A. R. Monsieur et de M. le lieutenant-général comte Lecourbe , et autres officiers supérieurs dont je ne me rappelle pas les noms. En me retirant, M. le maréchal Ney m'engagea à aller le voir.

D. Quelles dispositions prit-il avant le 14 mars, pour contenir les troupes dans le devoir et dans la fidélité qu'elles devaient au Roi?

R. Je n'ai aucune connaissance personnelle, ni directe des dispositions prises par M. le maréchal Ney, avant le 14 mars, pour contenir les troupes dans le devoir et la fidélité qu'elles devaient au Roi, attendu que je n'étais point employé, j'ai seulement ouï dire publiquement dans le temps, que dans des réunions des corps d'officiers de son armée, M. le maréchal Ney les avait exhortés avec beaucoup de zèle et de chaleur, à contenir les troupes dans le devoir et dans la fidélité qu'elles devaient au Roi; j'ai pareillement ouï dire à la même époque, que le maréchal Ney avait ajouté , lors de la réunion desdits officiers qu'au besoin, il tirerait le premier coup de fusil.

D. Pensez-vous que M. le maréchal Ney était en mesure, le 14 mars dernier, avec les troupes sous ses ordres, de s'opposer avec succès aux progrès de l'invasion de Napoléon Buonaparte en France?

R. J'ai ouï dire plusieurs fois chez moi, que l'artillerie et les munitions du corps d'armée de M. le maréchal Ney, étaient restées en arrière, ainsi que partie des troupes de son corps d'armée, que partie de son artillerie avait été enlevée par les habitans de Châlons, pour l'empêcher de continuer sa marche contre Buonaparte, que l'on disait publiquement que les troupes de son armée qui étaient à Lons-le-Saulnier , manifestaient publiquement et généralement, une intention bien prononcée de se joindre à Napoléon Buonaparte, plutôt que de se battre contre lui, en jetant dans les rues , leurs cocardes et leurs cartouches, aux cris répétés de *vive Napoléon! vive l'Empereur!* sans cependant avoir été témoin oculaire de tous ces faits.

Si tous les faits détaillés ci-dessus étaient réels , je pense que M. le maréchal Ney n'était point en mesure le 14 mars dernier , avec les troupes sous ses ordres, pour s'opposer avec succès , à l'invasion de Buonaparte en France , que l'on disait déjà arrivé à Mâcon , marchant avec la vitesse de la poste.

D. Quelle était la disposition des troupes sous vos ordres, à l'époque du 14 mars dernier, et qu'en espérait-on pour le service du Roi.

R. N'étant point employé à cette époque, je n'avais pas de troupes sous mes ordres.

D. Quelle était la situation politique du pays que vous avez traversé avec vos troupes, et quelle influence les habitants ont-ils eu sur la disposition de ces troupes, pour le service du Roi ?

R. Je n'avais, à cette époque, aucune troupe sous mes ordres, conséquemment, je n'ai pu traverser aucun pays avec des troupes, puisque je n'en avais point, et je ne peux savoir quelle influence les habitants ont pu avoir sur les dispositions des troupes au service du Roi pendant leur marche.

D. Avez vous connaissance que les discours, les écrits ou l'exemple de M. le maréchal Ney aient entraîné quelques corps de troupes ; ou des officiers isolés, à trahir le Roi, et à se rallier à Napoléon Buonaparte ?

R. Me rendant en habit bourgeois, dans la matinée du 14 mars dernier, à un déjeûner auquel j'avais été invité par M. le général Jarry, commandant le département du Jura, j'entendis battre un rappel général que je crus être pour le départ des troupes ; je rencontrai sur la place, M. le général Jarry, à cheval, et lui ayant demandé pourquoi était ce rapqel, il me répondit que c'était une revue ordonnée par M. le maréchal Ney, et à laquelle il était obligé d'assister, et que je pouvais toujours aller déjeûner avec sa sœur, dans son logement, où il irait me rejoindre ; peu d'instants après, et étant à déjeû-ner, l'aide-de-camp de M. le général Jarry, vint annoncer aux convives, que M. le maréchal Ney venait de faire à la tête de ses troupes, ayant à sa droite et à sa gauche, MM. les lieutenants-généraux comtes de Bourmont et Lecourbe, une proclamation, à la suite de laquelle, toutes les troupes avaient manifesté la plus grande joie et répété généralement les cris de *vive l'Empereur* ! que lesdites troupes en rentrant dans leurs logements, faisaient retentir dans toutes les rues, les mêmes cris, qui étaient répétés par la majorité des habitants de la ville. Je refusai d'abord, ainsi que les convives, de croire cette nouvelle, mais elle fut bientôt confirmée par l'arrivée de M. l'adjudant-commandant, Petitpierre. Je me suis convaincu moi-même de la réalité de ce mouvement, en traversant la rue pour me rendre à mon logement ; au surplus, il n'est pas à ma connaissance qu'aucun écrit, discours et exemple de M. le

maréchal Ney , aient entraîné à trahir le Roi, et à se réunir
à Napoléon Buonaparte , aucun corps de troupes ou officiers
isolés , autres que ceux qui étaient à Lons-le-Saulnier.

Nᵒ. XII. Déposition de M. Jean-Baptiste-Vincent, chevalier
Durand , maréchal-de-camp , lieutenant de Roi, commandant à
Besançon , reçue par Mᵉ. Jean-Nicolas Dormoy, juge d'instruc-
tion à Besançon, le 15 octobre 1815.

Demande. Qu'est-il parvenu à votre connaissance des mesures
prises par M. le maréchal Ney, à l'époque de son passage dans les
environs de votre ville, pour maintenir les troupes dans la fidélité
qu'elles devaient au Roi ?

Réponse. M. le maréchal Ney est arrivé à Besançon le 10 mars
après midi ; après avoir donné l'ordre de diriger les troupes sur
Lons-le-Saulnier, où il se rendait en personne pour en prendre
le commandement , et marcher, a-t-il dit, contre Buonaparte ;
pendant cet espace de temps il n'est rien parvenu à ma connaissance qui ait pu le faire suspecter ; il a au contraire annoncé ,
dans des termes faits pour inspirer de la confiance aux fidèles
sujets de S. M., des dispositions très rassurantes.

D. Croyez-vous que ses discours, ses écrits et ses exemples
aient engagé quelques officiers ou quelques troupes à se réunir à
Napoléon Buonaparte ?

R. Le court séjour à Besançon de M. le maréchal, ne lui a pas
permis d'y rassembler ses troupes. Les officiers de tous les corps
qui composaient alors la garnison, se sont réunis chez M. le comte
de Bourmont pour lui faire une visite. Il a parlé, je le répète, de
manière à inspirer la plus grande confiance ; il a dit (pour me
servir de ses propres expressions): *Le débarquement de Buonaparte est un événement heureux pour la France , ce sera le cinquième acte de sa tragédie.*

D. Savez-vous pourquoi il a donné à Auxerre, le 19 mars dernier, l'ordre de vous arrêter ?

R. Je pense que si M. le maréchal a donné l'ordre de m'arrêter,
c'est parce qu'il m'a rendu justice et qu'il craignait mon influence
sur les habitants de Besançon, dont le bon esprit lui était connu ;
ce qui semble accréditer ce motif de sa part, pour me faire arrêter, c'est qu'il en a donné l'ordre de Lons-le-Saulnier, de Dijon
et d'Auxerre ; que des officiers généraux y étaient compris , et que
M. le maréchal l'a révoqué peu de jours après en faveur de tous,
à l'exception du comte de la Gennetière, du comte de Scey et de

moi, qu'il présumait avec raison être en harmonie, et devoir marcher du même pas.

D. Avez-vous été arrêté ?

R. Je n'ai point été arrêté, parce que le général Monnet, qui en avait l'ordre de M. le maréchal, n'a point exécuté celui qu'il avait de venir prendre le commandement supérieur de la place de Besançon ; que le général Jarry, d'après le rapport ci-joint, a refusé cette mission, et que le général Bessières, auquel ledit ordre a été adressé directement depuis, me l'a communiqué, ainsi qu'à M. le comte de Scey et au major de la Gennetière, en nous assurant qu'il n'en tiendrait pas compte. Pour ne pas compromettre ce général, j'ai fait ouvrir, le 22 mars, à une heure après minuit, la porte dite de *Notre-Dame*, au comte de Scey, pour se rendre en Suisse, où le major de la Gennetière l'a suivi peu de jours après; j'ai pris congé du général Bessières, environ vers les deux heures après minuit du 22, et n'ai reparu qu'un mois après, ensuite de l'invitation qui m'en a été faite par M. le général Marulaz, qui a succédé aux généraux Bessières et Sainte-Claire dans le commandement supérieur de la place.

D. Quelle conduite les troupes, sous les ordres du maréchal Ney, tinrent-elles à leur départ de Besançon ?

R. Les chefs de corps semblaient être dévoués au Roi, et plusieurs d'entr'eux l'étaient en effet; quant aux officiers, sous-officiers et soldats, ils n'inspiraient pas la même sécurité ; mais comptant beaucoup sur le caractère prononcé de M. le maréchal et sur sa loyauté, sur le droit qu'il avait à la confiance des officiers et soldats, sur le concours de ses officiers généraux, desquels se trouvait M. le comte de Bourmont, dont les principes d'honneur et de dévouement à S. M. m'étaient connus et le sont de la France entière, j'espérais que M. le maréchal, aussi bien secondé, réaliserait les engagements qu'il avait pris en notre présence avant de partir, qui n'étaient rien moins que de *faire de Buonaparte sa propre affaire*.

D. Croyez-vous que M. le maréchal était en mesure de s'opposer efficacement, avec les troupes sous ses ordres, aux progrès de Napoléon Buonaparte en France ?

R. Ne sachant pas au juste quelles étaient les forces de Buonaparte à son arrivée à Lyon, ni celles qui s'y étaient réunies après la défection des troupes qui s'y trouvaient, je ne puis dire si M. le maréchal Ney était en mesure de s'opposer efficacement, avec celles sous ses ordres, aux progrès de l'ennemi de la France; cependant je pense que M. le maréchal, en mettant à profit le premier élan des bons Français, qui ne demandaient pas mieux que de se réunir à ses troupes, en eût obtenu et amélioré l'esprit; que, si au lieu de proclamer Buonaparte, à la tête de son armée, empereur des Français et le seul monarque qui convenait à la France, il eût fait passer dans le cœur de ses soldats les sentiments d'amour dont il devait être animé pour le meilleur des Rois; en un mot, s'il fût resté fidèle, je crois qu'il aurait pu combattre Buonaparte, sinon avec succès, tout au moins l'obliger, en le harcelant sur ses flancs et sur ses derrières, à prendre des mesures qui auraient ralenti les progrès de sa marche; peut-être même cet exemple de dévouement eût-il conservé fidèles au Roi les troupes qui devaient défendre les approches de Paris.

Interpellé sur la question de savoir si effectivement M. le maréchal Ney ou M. le commandant de la sixième division militaire, où lui témoin, en sa qualité de commandant d'armes de Besançon, ont donné l'ordre, dans les premiers jours du mois de mars dernier, de désarmer la ville de Besançon, quoiqu'on eût déjà connaissance du débarquement de Buonaparte, a répondu : « Depuis la connaissance du débarquement de Buonaparte il n'a été donné aucun ordre de désarmer, et le directeur de l'artillerie, depuis la connaissance dudit débarquement, a reçu plusieurs ordres du ministre de la guerre, qui lui prescrivaient de mettre les places de sa direction dans le meilleur état de défense possible, avec injonction de rendre compte tous les deux jours de l'exécution desdits ordres. Au premier septembre, on devait désarmer la citadelle, par ordre du ministre ; un nouvel ordre a renvoyé ce désarmement au premier octobre suivant, et le même jour on descendit de dessus leurs affûts 4 bouches à feu. Le lendemain 2 il y eut contre-ordre, et les 4 bouches à feu furent remises en place. En mars, d'après un ordre ministériel, de faire mettre de suite tout le matériel d'artillerie de campagne en état de partir, on démonta plusieurs pièces de bataille qui étaient à la citadelle, pour en faire conduire les affûts à l'arsenal et les réparer, et encore cela fut-il fait successivement. Il est possible que ce déplacement ait donné lieu à de fausses conjectures, mais le fait est que l'armement de la citadelle et de la ville, loin d'avoir été diminué en mars a été augmenté. Le nombre des bouches à feu dirigées sur le corps d'armée du maréchal Ney, après sa défection, s'est borné à 6, que le général Mongenet, commandant de l'artillerie, lui a fait expédier d'après l'ordre qu'il en a reçu de ce maréchal, et bien contre mon avis.

Extrait de la journée du maréchal Ney, le 14 mars 1815, à Lons-le-Saulnier; sa conduite envers le général Jarry, commandant le département du Jura.

(Pièce jointe à la déposition de M. le maréchal-de-camp, Durand.)

Le maréchal Ney, en présence de la troupe qu'il avait réunie à Lous-le-Saulnier le 14 mars, pour, disait-il, faire un trac, et courir disait-il à la bête, en parlant de Buonaparte, a déclaré la cause des Bourbons à jamais perdue, et proclamé Napoléon, Empereur des Français.

Le maréchal, rentré chez lui, fait chercher le général Jarry, lui donne ordre de partir de suite pour Besançon, d'en prendre le commandement supérieur, de faire fermer les portes de la ville, de faire arrêter et conduire à la citadelle le comte de Scey, préfet du Doubs, le général Durand, commandant d'armes, ainsi que ceux qui s'opposeraient à l'exécution de ses ordres; de réunir la garnison en présence des autorités civiles, de leur faire proclamer Buonaparte empereur, et faire arborer les drapeaux et cocardes tricolores, par des publications dans la ville; de rendre compte au duc d'Albuféra, à Strasbourg, de ce qu'il avait fait, lui maréchal Ney, à Lons-le-Saulnier, du plein succès qu'il avait eu, et de celui que le général Jarry obtiendrait infailliblement à Besançon. Le maréchal Ney s'engageait à faire avoir le grade de lieutenant-général au général Jarry, l'assurant sur sa parole d'honneur que la rentrée de Buonaparte était concertée avec les empereurs d'Autriche et de Russie, tous les maréchaux de France et le ministre de la guerre. Le général Jarry, après avoir témoigné au maréchal Ney l'horreur et l'indignation que lui inspirait une telle mission, le refuse, se retire et s'empresse de faire prévenir le préfet du Doubs et le commandant de Besançon pour leur gouverne. Le maréchal Ney, le même soir du 14, avait réuni chez lui les généraux Lecourbe, Mermet, Delort, le général Jarry et plusieurs colonels, encore tout stupéfaits de la scène du matin; il donne ses ordres de mouvement pour le lendemain, le général Jarry refuse de marcher, deux colonels, un major, l'aide de-camp même du maréchal donnent leur démission; le maréchal les congédie très grossièrement. Le maréchal Ney, outré de l'obstination du général Jarry, et de quelques fortes objections que celui-ci lui avait faites, lui envoie ordre, à dix heures du soir, de quitter sur-le-champ Lons-le-Saulnier et de se rendre à Besançon, où il recevrait une nouvelle destination. Le surlendemain, ordre du maréchal Ney au général Bessières, commandant le département du Doubs, d'enjoindre au général Jarry de sortir de suite de Besançon, et de n'y rentrer qu'après la rentrée de l'empereur à Paris, époque de la réconciliation générale de tous les Français. Enfin le 19 mars, ordre du maréchal Ney, d'après ceux de Buonaparte, datés de Sens, imprimé, affiché sur les murs de cette ville, dans toute la Bourgogne et la Franche-Comté, aux autorités civiles et militaires, à la gendarmerie, d'arrêter et emprisonner le général Jarry.

Le maréchal Ney avait laissé ou envoyé à Besançon un changement de direction sur Dijon, à toutes les troupes qui devaient y passer, pour marcher au prétendu trac sur Lyon : le colonel du 6e. léger ne voulut point reconnaître cet ordre, passa outre et arriva, le 22 mars, à Lons-le-Saulnier avec la cocarde blanche, et dans un très bon esprit, avec son régiment, qui, à son entrée, fut harangué par le général Jarry sur sa réputation de bonne discipline, bonne conduite, surtout sur sa fidélité à ses drapeaux et au Roi. Ce discours fit grande sensa tion le 22 mars, en raison de ce qu'il contrastait absolument avec celui du maréchal Ney, du 14, où celui-ci, par son infâme trahison, révolta les gens de toutes classes et de tous états et opinions.

Ces faits, la disparition du drapeau tricolore à la commune, la réimpression et l'affiche de l'extrait de la délibération du congrès de Vienne, le refus du général Jarry de faire et laisser afficher les proclamations de Buonaparte depuis son débarquement, les proclamations énergiques du général Jarry, affichées dans toutes les communes du Jura, tendantes à empêcher ou au moins à paralyser l'exécution du décret sur l'organisation des corps-francs, ont été, aux yeux des perturbateurs, des crimes qu'ils se sont empressés de dénoncer au ministre de la police générale, le duc d'Otrante, et à celui de la guerre, le prince d'Ekmulh, qui, ne voyant pas dans le général Jarry un homme dévoué à Buonaparte, l'a disgracié, en lui retirant le commandement que lui avait confié le Roi; ce général a été rappelé à Paris, où il a refusé tout service, s'en tenant au commandement du Jura, d'où il ne croyait pas avoir été légalement déplacé par Buonaparte, et où il croit sa présence utile au bien du service de S. M.

Pour copie conforme :

Le Lieutenant de Roi, signé le Chevalier Durand.

N°. XIII. — Déposition de M. Etienne, comte Heudelet de Bierre, âgé de 44 ans, lieutenant-général commandant la 4e. division militaire à Nancy, reçue par M. Joseph-Eléonore-Monique Henri, juge d'instruction à Nancy, le 14 octobre 1815.

Demande. Dites-nous dans le plus grand détail, quels ordres vous avez reçus de M. le maréchal Ney avant le 14 mars dernier pour le service du Roi, ce que vous avez fait pour les exécuter, ou ce qui en a pu empêcher l'exécution, et si vous avez connaissance que sa proclamation ou son exemple aient entraîné quelques officiers isolés, ou quelques corps de troupes à se réunir à Napoléon Buonaparte ?

Réponse. Je regrette de ne pouvoir donner avec exactitude, les détails qu'on me demande ; il faudrait que j'eusse sous les yeux mes papiers et ma correspondance du mois de mars dernier. Ils sont au château de Bierre, mon domicile, où je les ai cachés au mois de juin, pour les mettre à l'abri des événements de la guerre; e ne pourrais me les procurer qu'en m'y rendant. Menacé comme royaliste par les habitants des villages, voisins et craignant d'être forcé de m'éloigner précipitamment, mes papiers ont été rassemblés en désordre et cachés à la hâte. Il est facile de sentir que sans ce secours, il me serait difficile de répondre avec aplomb. Je ne peux pas me rappeler parfaitement toute ma correspondance, rapprocher les événements et les dates, citer les expressions ni les textes des ordres que j'ai reçus ou donnés, etc. Ceux qui me connaissent savent que je fais moi-même tout mon travail, et dans de telles circonstances, il était immense et m'occupait jour et nuit. Cependant ma correspondance avec M le maréchal Ney, n'a pas été très étendue, depuis à peu près le 10 mars jusqu'au 14; elle se borna, je crois, à trois ou quatre lettres de sa part et autant de la mienne.

Je n'étais point sous ses ordres, je commandais une division qui n'était pas comprise dans son gouvernement, je ne crois pas avoir été prévenu ministériellement que je devais lui obéir, mais comme je l'avais été que M. le maréchal Ney se rendait dans son gouvernement, pour rassembler un corps d'armée, je m'étais hâté de me mettre en correspondance avec lui. J'ai lu dans l'exposé justificatif par M. Berryer, une lettre que m'a écrite M. le maréchal. Elle m'a paru rapportée avec exactitude, elle est du 13, je l'ai reçue le 14, au moment où je me disposais à quitter Dijon, parce que l'insurrection y était complète, qu'il n'y avait aucun moyen de répression, qu'un de mes maréchaux-de-camp, sur lequel je comptais, venait de se déclarer pour Buonaparte, et que j'étais à chaque instant menacé d'être arrêté. Dans ce moment, les recommandations du maréchal contenues dans cette lettre étaient inéxécutables; elles étaient très en arrière de tous les événements : en effet, M. le maréchal voulait que je réunisse mes troupes à Châlons-sur-Saône; je n'en avais plus. Elles avaient marché sur Lyon, par ordre du ministre, que j'éclairasse la Saône jusqu'à Villefranche, et le 14 les troupes de Buonaparte avaient dépassé Châlons; que j'écrivisse à M. le comte Germain, de le tenir informé, etc., et ce fonctionnaire mis en fuite par l'insurrection de Saône-et-Loire, était réfugié à Dijon. Il fallait que M. le maréchal fût bien mal instruit pour me donner de tels ordres le 13. Quant à ce qui, dans cette lettre, est relatif à Auxonne, j'y avais pourvu autant que les circonstances me le permettaient. Ce n'est qu'à Châtillon où je m'é tais retiré avec M. le préfet de la Côte-d'Or, en quittant Dijon, que j'ai eu connaissance de la proclamation du maréchal Ney, et de son arrivée à Dijon. L'exemple d'un officier aussi élevé et aussi distingué pouvait, je pense, être d'une grande influence sur les militaires qui auraient vacillé dans leurs opinions, mais je n'ai pas connaissance que cet exemple ait pour lors déterminé personne dans mon commandement. Déjà ceux de mes subordonnés qui avaient voulu suivre Buonaparte s'étaient prononcés, et ceux qui restaient fidèles au Roi étaient avec moi.

D. Quelle était la situation politique des pays du gouvernement de M. le maréchal, et celle de celui où vous commandiez vous-même?

R. Je ne peux rendre un compte probant de la situation politique des pays du gouvernement de M. le maréchal Ney, puisque je n'y avais pas de commandement, et que conséquemment je ne recevais de ces pays aucun rapport officiel, mais l'opinion et les dires des voyageurs, s'accordaient à les peindre comme étant à peu près dans les mêmes dispositions que ceux de mon commandement: la situation politique de ceux-ci, n'était rien moins que rassurante, les royalistes y étaient en extrême minorité, la masse du peuple était prononcée pour Buonaparte, elle comprimait les serviteurs du Roi, elle les menaçait déjà hautement et les campagnes manifestaient généralement l'intention de grossir l'armée rebelle. Je me suis empressé dans le temps d'en rendre compte au ministre de la guerre, je crois bien en avoir aussi prévenu MM. les maréchaux Ney, de Reggio, de Bellune, avec lesquels je me suis mis en correspondance à la même époque.

D. Pensez-vous que M. le maréchal Ney était en mesure avec les troupes sous ses ordres de s'opposer efficacement aux progrès de l'invasion de Napoléon Buonaparte en France?

R. Je ne sais pas quelles étaient les forces de M. le maréchal Ney, mais si elles n'étaient que de quatre régiments au 11 mars, comme le porte l'exposé signé Berryer, je ne crois pas qu'alors il eût pu s'opposer efficacement aux progrès de Buonaparte, et à plus forte raison, si, comme j'en suis persuadé, il ne pouvait pas compter sur la fidélité de ses troupes.

J'ai employé plusieurs fois dans mes réponses des expressions qui ne sont pas positivement affirmatives, comme; *je crois*, *à peu près*, cela tient à ce que j'ai dit plus haut sur la privation que j'éprouve de mes papiers.

N°. XIV. — Déposition de M. Bernard CHAMPNEUF, âgé de cinquante-cinq ans, chef de bataillon, commandant d'armes de la ville d'Auxonne, demeurant à Saumur, le 20 octobre 1815.

Demande. Qu'est-il parvenu à votre connaissance des mesures prises par M. le maréchal Ney, du 12 au 14 mars dernier, pour maintenir les troupes dans la fidélité qu'elles devaient au Roi?

Réponse. A l'époque du 12 au 14 mars dernier, j'étais commandant d'armes de la place d'Auxonne, et alors M. le maréchal Ney était à Lons-le-Saulnier, département du Jura, et correspondait avec M. le maréchal-de-camp Pellegrin, commandant l'école d'artillerie d'Auxonne; celui-ci me communiqua, dans ce temps, une lettre de M. le prince de la Moskowa, qui lui défendait de mettre à exécution les ordres qu'il recevrait de Dijon, sans qu'ils lui eussent été communiqués. Ledit sieur Pellegrin me fit entrevoir qu'il rendrait compte de cet ordre à M. le général commandant la 18e. division militaire. Ledit sieur Pellegrin reçut une lettre de M. le prince de la Moskowa dans la nuit du 14 au 15 dudit mois de mars, qui lui ordonnait de rendre la place aux troupes de Buonaparte; il me communiqua cet ordre ledit jour 15 à sept heures du matin, en présence de M. le colonel Broume, directeur de l'arsenal de ladite ville d'Auxonne, de M. Berthier, colonel du 7e. régiment d'artillerie à pied, et de M. Deroche, chef de bataillon, sous-directeur du génie; il me dit qu'il fallait rendre la place, et je lui dis que je ne la rendrais pas; sur cette réponse, il me répliqua qu'étant revêtu du commandement supérieur, il la rendrait lui-même, ce qui a été fait le même jour à huit heures du matin.

D. Croyez-vous que ses discours, ses écrits ou ses exemples aient engagé quelques officiers, ou quelques corps de troupes à se réunir à Napoléon Buonaparte?

R. Je n'en ai d'autre connaissance que la lettre de M. le maréchal, dont j'ai parlé dans ma réponse précédente. Cependant le maréchal-de-camp Pellegrin fut trouver le maréchal Ney, le 13 ou le 14 mars à Dôle, avant la reddition d'Auxonne, et retourna le 15 dans ladite ville de Dôle, après que la ville d'Auxonne fut rendue. Le colonel d'artillerie, M. le colonel Berthier, accompagnait le maréchal-de-camp Pellegrin dans ce voyage.

D. Savez-vous pourquoi il a donné à Auxerre, le 19 mars dernier, l'ordre de vous faire arrêter?

R. Je présume que mon refus de rendre ladite place d'Auxonne en a été le motif.

D. Avez-vous été arrêté?

R. J'ai été arrêté par ordre de Buonaparte le 19 mars dernier à Auxonne; et ai resté trente-six jours détenu dans les prisons de cette ville.

D. Quelle conduite les troupes, sous les ordres du maréchal Ney, tinrent-elles lors de leur passage à Auxonne?

R. Je n'en ai aucune connaissance, si ce n'est qu'elles crièrent *vive l'Empereur !* M. le maréchal-de-camp Pellegrin, me fit dire par mon adjudant de place, d'aller au devant des troupes de Buonaparte, et de crier avec elles, *vive l'Empereur !* Je m'y refusai en lui faisant dire que ce n'était pas ma place, et qu'il pouvait y aller lui même.

D. Croyez-vous que M. le maréchal Ney était en mesure de s'opposer efficacement avec les troupes, sous ses ordres, aux progrès de Buonaparte en France ?

R. N'étant point avec lui, je ne peux avoir aucune connaissance de ces faits.

Nº. XV. — Déposition de M. Eustache-Hubert Passinges, baron de Préchamp, âgé de quarante-deux ans, colonel d'état-major, reçue par M. Etienne-Joseph Desruelles, juge d'instruction à Béthune, le 28 octobre 1815.

Demande. Où et par qui avez-vous appris le débarquement de Buonaparte sur les côtes de France ?

Réponse. A Besançon, où j'étais employé, et par M. le comte de Bourmont dont j'étais le chef d'état-major.

D. Où étiez-vous du 10 au 15 mars dernier, et en quelle qualité étiez-vous employé alors ?

R. La réponse à cette question se trouve dans ma réponse précédente, en observant que les troupes qui se trouvaient à Besançon et aux environs, ont fait un mouvement sur Lons-le-Saulnier, le 11 mars, et que je les y ai suivies, ainsi que M. le comte de Bourmont. La plus grande partie des troupes qui étaient arrivées à Lons-le-Saulnier le 13, portaient encore les couleurs du Roi ; il n'en fut pas de même le lendemain ; parce que dès la nuit précédente, un régiment tout entier (le 76ª.) était parti de Bourg pour aller à la rencontre de Buonaparte.

D. A quelle époque avez-vous vu M. le maréchal Ney dans la 6º. division militaire après le débarquement de Buonaparte ?

R. Je l'ai vu, pour la première fois à cette époque, le 11 après-midi à Besançon ; il était en voiture avec M. le comte de Bourmont, ils partaient pour Lons-le-Saulnier, où M. le maréchal m'ordonna de suivre mon général.

D. Que vous dit-il dans votre première entrevue ?

R. Il ne m'a dit rien autre que de suivre mon général.

D. Quelles étaient la force et la disposition des troupes mises en mouvement par M. le comte de Bourmont, et qu'en espérait-on pour le service du Roi à leur départ de Besançon ?

R. Ces forces se composaient du 3ᵉ. de hussards, d'un autre régiment de hussards dont je ne me rappelle pas le n°., du 8ᵉ. de chasseurs, du 5ᵉ. de dragons ; des 77ᵉ., 81ᵉ. et du 60ᵉ. de ligne, ce qui formait un effectif d'environ 1600 chevaux et 4000 hommes d'infanterie ; dès-lors j'avais la presque conviction que tout ce qui était sous-officier ou soldat, et la plus grande partie des officiers subalternes, étaient restés affectionnés à Buonaparte, et qu'on ne pouvait rien en espérer pour le service du Roi.

D. Quelles mesures prit M. le maréchal Ney pour maintenir les troupes dans le devoir et la fidélité qu'elles devaient au Roi ?

R. Il fit venir à plusieurs reprises chez lui, les chefs des corps ; ceux qui étaient de ma connaissance particulière m'ont assuré qu'il les avait engagés d'employer tous les moyens les plus propres à contenir les soldats dans l'ordre et dans le devoir ; et comme il était à craindre qu'on ne parvînt pas à les amener à faire le coup de fusil contre Buonaparte et les siens, je proposai à M. le maréchal, le 13 mars, d'incorporer, sous l'uniforme de fusilier, quelques gentilhommes qui s'étaient présentés pour servir volontairement la cause du Roi. M. le maréchal approuva cette mesure, et je convins avec M. Dubalen, colonel du 60ᵉ., que cette mesure serait mise à exécution dans son corps.

D. Combien chaque soldat avait-il de cartouches, à l'époque où les troupes de M. le maréchal Ney arrivèrent à Lons-le-Saulnier ?

R. Environ trente cartouches.

D. Combien y avait-il de canons, et quel était l'approvisionnement de chaque pièce ?

R. Au moment du départ, il n'y avait dans le corps d'armée que douze pièces de campagne, avec un approvisionnement de soixante coups pour chaque pièce ; mais des ordres avaient été donnés à Auxonne, pour en faire arriver un plus grand nombre.

D. M. le maréchal Ney vous fit-il part du projet qu'il avait de faire une proclamation aux troupes, le 14 mars au matin, pour les engager à se réunir avec lui à Napoléon Buonaparte ?

R. M. le maréchal ne m'en a jamais parlé, et je n'ai été instruit de cette proclamation qu'après sa proclamation aux troupes, M. le maréchal devait trop connaître mes sentiments pour me faire une pareille ouverture ; j'avais été son aide-de-camp antérieurement, à la levée du siége de Boulogne, mes sentiments devaient être connus de lui.

D. Savez-vous qui a rédigé cette proclamation ?

R. Non, mais j'ai lieu de croire qu'elle lui a été envoyée toute faite par des agents de Buonaparte ; ce qui me porte à le croire, c'est qu'on avait répandu avec profusion, dès le lendemain, une grande quantité d'imprimés de tout genre, venant des corps déjà insurgés qui escortaient Buonaparte. J'observe que le premier exemplaire de la proclamation de M. le maréchal, qui me soit tombé sous la main, portait la date du 13, et était placardé à Auxerre.

D. N'avez-vous pas donné, le 14 au matin, un ordre à M. le major de la Gennetière, de la part de M. le maréchal, et au nom du Roi, d'aller remplir les fonctions de chef d'état-major de la division commandée par M. le lieutenant-général Lecourbe ?

R. Oui, je me rappelle d'avoir donné cet ordre.

D. Quelle confidence M. le maréchal Ney vous fit-il le 13, dans la nuit du 13 au 14, ou le 14 mars au matin, sur ses projets de se réunir à Napoléon Buonaparte ?

R. Je persiste à dire qu'à aucune époque M. le maréchal ne m'a fait aucune confidence de cette nature, et que je n'ai été instruit de sa défection que par la proclamation qu'il a prononcée lui-même aux troupes qui se trouvaient à Lons-le-Saulnier.

D. Savez-vous à quelle époque les premiers agents de Buonaparte arrivèrent au quartier-général de M. le maréchal Ney ?

R. Même à l'heure qu'il est, je ne sais pas de science certaine si M. le maréchal a reçu des agents de Buonaparte; ce qui m'a porté à le croire postérieurement au 14, c'est, comme je l'ai déjà dit, la grande quantité d'affiches et écrits imprimés répandus dans son armée.

D. Pensez-vous que les écrits, les discours ou l'exemple de M. le maréchal Ney aient engagé quelques corps de troupes ou des officiers isolés à abandonner la cause du Roi pour se réunir à Napoléon Buonaparte ?

R. Ni avant la défection ni après, il n'est pas à ma connaissance que le maréchal Ney ait, de quelque manière que ce soit, engagé, soit des corps de troupes, soit des officiers isolés à abandonner la cause du Roi, pour se réunir à Napoléon ; il y a plus, c'est qu'il est à ma connaissance qu'avant et même peu d'instants avant la lecture de sa proclamation, il a engagé des officiers supérieurs, chefs de corps, à redoubler de zèle et d'efforts pour comprimer l'insurrection prête à éclater parmi les sous-officiers et soldats, d'où je conclus qu'il s'est montré fidèle serviteur du Roi jusqu'au dernier moment, c'est-à-dire jusqu'à l'instant de sa fatale proclamation.

Lettres jointes à la déposition de S. Exc. M. le maréchal duc d'Albuféra.

Besançon, le 11 mars 1815, à dix heures du matin.

Mon cher maréchal, M. le duc de Maillé est arrivé ce matin de Lyon pour m'annoncer l'évacuation de cette ville. S. A. R. Monsieur s'est établi à Roanne. Il paraît qu'une partie des troupes de Grenoble ont passé du côté de Buonaparte, et on suppose qu'il peut avoir fait aujourd'hui son entrée à Lyon; il est fâcheux qu'on n'ait pas osé le combattre. Je rassemble mes troupes à Lons-le-Saulnier et à Bourg. Je lierai mes opérations avec M. le maréchal Macdonald, qui est avec Monsieur. Si je trouve l'occasion favorable, je n'hésiterai pas à marcher sur Lyon. Je vous tiendrai, mon cher maréchal, exactement au courant de tout ce qui peut intéresser le service du Roi.

Agréez, etc.

Le maréchal prince de la Moskowa, pair de France,

Signé NEY.

A S. E. Mgr. le maréchal duc d'Albuféra.

Lons-le-Saulnier, le 12 mars 1815, à cinq heures du matin.

Mon cher maréchal, M. le maréchal Macdonald s'est replié sur Moulins. Je n'ai pas encore de nouvelles positives sur la direction que Buonaparte voudra prendre en débouchant de Lyon. Il est fâcheux que Monsieur ne se soit pas porté sur Grenoble, pour l'y attaquer et le suivre sans relâche. Ce qui est très pressant en ce moment, c'est que conformément aux ordres que le ministre m'annonce vous avoir donnés, vous fassiez diriger sur Lons-le-Saulnier, les troupes que vous avez à votre disposition et surtout de l'artillerie bien attelée. Je forme des miennes, deux divisions avec lesquelles je vais occuper Bourg et Mâcon. Je vous prie, mon cher maréchal, d'avoir la bonté de me prévenir des ordres que vous aurez donnés dans cette circonstance importante, pour me faire appuyer.

Agréez, etc.

Le maréchal prince de la Moskowa, pair de France,
Signé NEY.

A S. E. Mgr. le maréchal duc d'Albuféra.

5..

(68)

Lons-le-Saulnier, le 13 mars 1815.

Monsieur le maréchal, je viens d'expédier M. le marquis de Soran auprès de Monsieur pour avoir de ses nouvelles, et de celles
de M. le maréchal Macdonald. Je les crois toujours à Moulins.
Buonaparte a fait son entrée le 10 à Lyon à 7 heures du soir. Le
11 il a passé en revue les troupes provenant de la défection de la
7e. division militaire; savoir les 5e., 7e. et 11e. régiments d'infanterie de ligne, le 4e. de hussards et une partie du 13e. de dragons.
Deux détachements sont sortis le même jour de Lyon pour se diriger sur Villefranche et sur Roanne. Je ne connais pas la marche
de M. le maréchal prince d'Essling, qui cependant a dû se diriger
de Valence sur Grenoble. Je suis en mesure de marcher sur Lyon,
aussitôt que je saurai d'une manière positive la direction que pren-
dra Buonaparte. Dans cette circonstance, il est bien important de
hâter l'arrivée des troupes dont me parle le ministre de la guerre.
Nous sommes à la veille d'une grande révolution, et ce n'est
qu'en coupant le mal dans sa racine qu'on pourrait encore espérer
de l'éviter. Il faudrait faire arriver les troupes en poste, c'est-à-
dire, inviter les préfets à faire préparer dans tous les lieux d'é-
tapes, des voitures de paysan, et pouvoir ainsi faire parcourir aux
troupes quatre à cinq étapes par jour: car ce n'est qu'à la vitesse
de la marche de Buonaparte qu'il faut attribuer ses premiers succès. Tout le monde est étourdi de cette rapidité, et malheureuse-
ment la classe du peuple l'a servi en divers lieux de son passage.
La contagion est à craindre parmi le soldat; les officiers se con-
duisent généralement bien, et les autorités civiles montrent du dévouement au Roi. J'espère, mon cher maréchal, que nous verrons
bientôt la fin de cette folle entreprise, surtout, si nous mettons
beaucoup de célérité et d'ensemble dans la marche des troupes.

Recevez, etc.

Le maréchal prince de la Moskowa, pair de France,

Signé Ney.

A S. Ex. le duc d'Albuféra.

EFFETS

DE LA CONVENTION MILITAIRE,

DU 3 JUILLET 1815,

ET DU TRAITÉ DU 20 NOVEMBRE 1815.

Relativemeut à l'Accusation de M. le Maréchal NEY.

(Mémoire publié par les avocats du Maréchal.)

Après la bataille de Waterloo, la fuite de Buonaparte et son abdication, l'armée française s'était ralliée sous les murs de Paris, bien décidée à s'y défendre, et à vendre chèrement sa vie à ceux qui oseraient l'attaquer dans ses lignes.

Mais bientôt quelques hommes sages cherchèrent à ébranler cette résolution, en représentant aux chefs que, si un premier avantage était probable, la supériorité du nombre promettait aux étrangers une revanche qui aurait pour suite inévitable la ruine de Paris et le massacre de ses habitants.

Les généraux des troupes alliées considérèrent eux-mêmes toute l'étendue des pertes que pouvait encore leur faire éprouver la valeur française réduite au désespoir! ils sentirent l'immense avantage de s'assurer, sans coup-férir, une ville dont l'occupation de vive-force leur eût couté d'énormes sacrifices.

Des négociations furent entamées entre les fondés de pouvoir de MM. les généraux alliés d'une part ; et de l'autre, M. Bignon, chargé du porte-feuille des affaires étrangères, M. Guilleminot, chef de l'état-major général de l'armée française, et M. de Bondy, préfet du département de la Seine, ce qui annonçait bien ouvertement l'intention de traiter dans l'intérêt de l'*État*, de l'*Armée*, et de la *ville de Paris*.

Les généraux alliés ne dissimulaient pas que leur intention n'était pas de conquérir la France, mais seulement de rétablir le Roi légitime sur son trône. Le gouvernement provisoire savait parfaitement que S. M. Louis XVIII approchait de la capitale; il avait eu connaissance de la proclamation du 25 juin : elle avait été communiquée aux chambres, insérée dans les journaux, imprimée et affichée dans tout Paris ; on y avait surtout remarqué le passage suivant : « Mais aujourd'hui que les puissants efforts de NOS ALLIÉS ont dissipé les satellites du tyran, nous nous hâtons de rentrer dans nos Etats, pour y rétablir la constitution que nous avions donnée à la France; réparer par tous les moyens qui sont en notre pouvoir, les maux de la révolte et de la guerre qui en a été la suite nécessaire ; *récompenser les bons, mettre à exécution les lois existantes contre les* COUPABLES. »

Une autre proclamation en date du 28, également connue à Paris, renfermait la *promesse de pardonner aux Français égarés;* mais elle annonçait en même temps que quelques personnes seraient *exceptées du pardon.*

Ces punitions annoncées, ces limitations apportées à l'amnistie d'ailleurs promise avec tant de libéralité, n'étaient pas de nature à rassurer ceux qui avaient pris part à la révolution, et qui se trouvaient alors en possession du gouvernement civil et militaire de la France : les chefs de l'armée auraient mille fois préféré de périr les armes à la main, que de réserver leur vie pour le triste appareil d'une procédure criminelle; les chefs du gouvernement, les fonctionnaires, n'attachaient pas moins d'importance à se mettre à l'abri de toute réaction.

Pour dissiper toutes les craintes à cet égard, et rassurer tous les esprits, on inséra dans la convention l'article 12, dont la teneur suit : « Seront pareillement respectées les personnes et les propriétés particulières. Les *habitants,* et en *général* TOUS les individus qui se trouvent dans la capitale, continueront à jouir de leurs droits et libertés *sans pouvoir être inquiétés ni recherchés* EN RIEN relativement aux *fonctions* qu'ils occupent ou auraient occupées ; à leur *conduite* et à leurs *opinions politiques.* »

Pour plus de sûreté, on ajouta l'article 15, portant que, « s'il survient des difficultés sur l'exécution de quelqu'un des articles de la présente convention, l'interprétation en sera faite *en faveur de l'armée française et de la ville de Paris.* »

M. le maréchal Ney était évidemment compris dans les termes de l'article 12; il était *habitant* de Paris; il y avait son *domicile* de droit et de fait ; il y exerçait des *fonctions* ; il tenait à l'*armée*.

Accusé, il a invoqué le bénéfice de cet article.

Mais on lui a objecté, « que S. M. le Roi de France n'avait pas ratifié la convention du 3 juillet. — Que la stipulation, écrite en l'article 12, n'exprimait qu'une renonciation des hautes puissances *pour leur compte* à rechercher qui que ce fût en France pour raison de sa conduite ou de ses opinions politiques. — Qu'elles n'avaient donc à s'immiscer en rien dans les actes du gouvernement du Roi. »

Cette réponse, faite à madame la maréchale Ney par lord Wellington, ne résout pas la difficulté.

Le sens restrictif qu'elle donne à l'article 12, n'empêche pas que la convention ne subsiste dans *toute son étendue*, et qu'elle ne doive être interprétée avec *toute la latitude garantie par l'article* 15.

Une convention n'appartient pas seulement à *l'un des contractants* ; elle appartient à tous ceux qui y ont pris part. Si l'une de ses clauses présente quelque difficulté, elle ne peut pas être levée d'autorité par une seule des parties contre le vœu de l'autre ; il faut alors recourir aux règles d'équité et de logique, qui, en pareil cas, servent à fixer le sens des termes et la force des stipulations.

Nous rechercherons donc s'il est vrai que l'article 12 n'exprime qu'une *renonciation particulière* de la part des Hautes Puissances ; ou si, au contraire, cet article a pour but d'assurer une *garantie générale* de toutes recherches qui prendraient leur source dans les fonctions, la conduite ou les opinions politiques des individus qui y sont désignés.

Remarquons d'abord que les Hautes Puissances n'auraient pu renoncer, *pour leur compte*, à rechercher qui que ce fût en France pour raison de sa conduite ou de ses opinions politiques, qu'autant qu'elles auraient eu effectivement ce droit de recherche.

Car, en général, nous ne pouvons renoncer à un droit quelconque, qu'autant qu'il nous est acquis : on ne peut pardonner qu'autant qu'on pourrait punir ; *ejus est permittere, cujus est vetare. — Ejus est nolle, qui potest velle.* L. III, *ff.* de reg. jur. *Quod quis si velit habere non potest, id repudiare non potest.* L. CLXXIV, *ff.* de reg. juris. *Is potest repudiare qui et acquirere potest.* L. XVIII, *ff.* de acquirendâ vel omittendâ hæreditate.

Or, il est un PRINCIPE DU DROIT DES GENS, c'est que, « les nations étrangères ne doivent pas s'ingérer dans le gouvernement intérieur d'un état indépendant. *Ce n'est point à elles de juger* entre les citoyens que la discorde fait courir aux armes, ni entre le prince et les sujets : les deux partis sont également étrangers pour elles, également *indépendants de leur autorité.* Il leur reste d'interposer leurs bons offices pour le rétablissement de la paix, et la loi naturelle les y invite ». *Le Droit des Gens* de Watel, *liv. III, chap. XVIII,* §. 296.

Ainsi les Hautes Puissances n'avaient que les droits de la guerre dans les pays que la force des armes faisait tomber en leur pouvoir ; mais elles n'avaient pas (selon le droit des gens) le pouvoir de juger *la conduite et les opinions politiques* des citoyens qui avaient pris part à la révolution.

Ce principe était bien connu de la part des plénipotentiaires qui ont conclu la convention de Paris ; il est donc impossible d'entendre l'article 12, en ce sens que les Hautes Puissances ont entendu renoncer à un droit qu'elles n'avaient pas.

Mais le Roi de France était leur ALLIÉ ; c'était pour sa sainte cause qu'elles avaient pris les armes ; elles agissaient pour lui et en son nom. La proclamation du 25 juin et le traité du 20 novembre ne laissent aucun doute à cet égard. On ne peut donc pas dire que la convention du 3 juillet n'a pas engagé le Roi de France.

Sa Majesté, toujours grande et généreuse, *n'avait pas voulu unir son bras ni ceux de sa famille aux instruments dont la Providence s'était servie pour punir la trahison* (1) ; mais les généraux *alliés, dont les puissants efforts ont dissipé les satellites du tyran* (2), avaient nécessairement, avec le pouvoir d'agir offensivement *dans l'intérêt de l'alliance,* et de ce que les publicistes appellent *casus fœderis,* le pouvoir de faire les capitulations et les trèves qui, en arrêtant l'effusion du sang, devaient hâter l'époque de la pacification et du retour à l'ordre. Autrement, et si on ne leur suppose que le premier de ces pouvoirs, sans admettre le second ; il faut donc dire, que le combat une fois commencé ne devait finir que par l'extinction de tous les combattants, ce qui répugne tout à la fois au droit des gens, à l'humanité, et surtout aux sentiments paternels de Sa Majesté pour son peuple.

Ainsi, les mêmes généraux qui avaient le pouvoir d'attaquer l'armée française et de prendre Paris en cas de résistance, avaient certainement le droit d'accorder les clauses d'une convention qui épargnait à cette cité les horreurs d'un siége et les suites d'un assaut.

---

(1) Proclamation du 25 juin.
(2) Même proclamation.

« Puisqu'un général et un commandant de place doivent être naturellement revêtus de tous les pouvoirs nécessaires pour l'exercice de leurs fonctions , on est en droit de présumer qu'ils ont ces pouvoirs; et celui de conclure une capitulation est certainement de ce nombre , surtout lorsqu'on ne peut attendre les ordres du Souverain. Le traité qu'ils auront fait à ce sujet sera donc valide , et il obligera les souverains au nom et en l'autorité desquels les commandants respectifs ont agi. » WATEL, *liv. III, chap. XVI*, §. 261.

Le droit réciproque qu'avaient et l'armée et la ville de Paris de pourvoir à leur sûreté par une convention , est établi par le même auteur, au §. 264 , où il dit: « Les particuliers, gens de guerre , ou autres qui se trouvent en présence de l'ennemi , sont par cette nécessité, remis à leur propre conduite. Ils peuvent faire , *quant à leurs personnes* , ce que ferait un commandant par rapport à lui-même et à sa troupe..... Car lorsqu'un sujet ne peut ni recevoir les ordres de son souverain , ni jouir de sa protection , il rentre dans ses droits naturels , et doit pourvoir à sa sûreté par tous les moyens justes et honnêtes..... Le bien de l'état demande que la foi soit gardée, et que les sujets aient *ce moyen de sauver leur vie* , ou de recouvrer *leur liberté* ».

Ainsi l'armée et la ville de Paris , d'une part; et MM. les généraux alliés, pour toute l'alliance, d'autre part ; ont eu le droit de stipuler et d'accorder toutes les clauses de la convention de Paris.

Dira-t-on que cette convention a été faite avec des rebelles ? — Mais ce n'en sera pas moins un traité, une foi jurée, une convention obligatoire. Écoutons ce que dit Watel à ce sujet. « Le plus sûr moyen d'apaiser les séditions , et en même temps le plus juste, c'est de donner satisfaction aux peuples; et s'ils se sont soulevés sans sujet, ce qui n'arrive peut-être jamais , il faut bien encore, comme nous venons de le dire, accorder une amnistie au grand nombre. Dès que l'amnistie est publiée et acceptée, tout le passé doit être mis en oubli, personne ne peut être recherché pour ce qui s'est fait à l'occasion des troubles. Et en général, le Prince, religieux observateur de sa parole, doit garder fidèlement tout ce qu'il a promis aux rebelles mêmes, j'entends à ceux de ses sujets qui se sont révoltés, sans raison ou sans nécessité. Si ses promesses ne sont pas inviolables, il n'y aura plus de sûreté pour les rebelles à traiter avec lui; dès qu'ils auront tiré l'épée, il faudra qu'ils en jettent le fourreau, comme l'a dit un ancien : le Prince manquera le plus doux et le plus salutaire moyen d'apaiser la ré-

volte ; il ne lui restera, pour l'étouffer, que d'exterminer les révoltés. Le désespoir les rendra formidables ; la compassion leur
attirera des secours, grossira leur parti, et l'Etat se trouvera en
danger. Que serait devenue la France, si les *ligueurs* n'avaient pu
se fier aux promesses de Henri-le-Grand ? » WATEL, *Liv. III,
Chap. XVIII*, §. 291.

Dira-t-on encore que l'article 12 sort des termes d'une capitulation ordinaire ?

1°. Nous répondrons que non ; car on ne capitule que pour
sauver sa vie et sa liberté ; et ce ne serait pas se sauver que d'é-
changer les hasards du canon contre l'expectative des supplices ;
de stipuler une amnistie partielle et temporaire, utile aujourd'hui,
nulle le lendemain ; obligatoire pour les Alliés dont on n'avait rien
à craindre, et sans effet vis-à-vis du Roi de France, qui seul avait
le droit de punir légitimement.

2°. Nous répondons en second lieu que, « s'il arrive dans les
conférences pour la capitulation, que l'un des Commandants insiste
sur des conditions que l'autre ne se croit pas en pouvoir d'accorder, ils ont un parti à prendre, c'est de convenir d'une suspension
d'armes, pendant laquelle toutes choses demeureront dans leur
état jusqu'à ce qu'on ait reçu des ordres supérieurs ». WATEL,
Liv. III, Chap. XVI, §. 262. — Or, rien de semblable n'a été
fait, parce que MM. les généraux alliés savaient bien qu'ils avaient
tout le pouvoir du Roi de France de sauver sa capitale, même au
prix de ses plus justes ressentiments.

3°. Aussi, lorsque Sa Majesté est entrée dans Paris aux accla-
mations si vives d'un peuple ivre du bonheur de la revoir, elle n'a
pas désavoué la Convention du 3 juillet. Cependant Sa Majesté
n'eût pas manqué de le faire, si son intention n'eût pas été, en
profitant du bénéfice de cette convention, d'en maintenir avec soin
toutes les stipulations. « Nous avons fait voir, dit Watel, que
l'Etat ne peut être lié par un accord fait sans ordre, et sans pouvoir de sa part. Mais n'est-il pas absolument tenu à rien ? C'est ce
qui nous reste à examiner. *Si les choses sont encore dans leur
entier, l'Etat ou le Souverain peut tout simplement désavouer le
Traité*, lequel tombe par ce désaveu, et se trouve parfaitement
comme non-avenu. Mais le Souverain doit manifester sa volonté
aussitôt que le Traité est parvenu à sa connaissance ; non à la
vérité que son silence puisse donner force à une Convention, qui
n'en doit avoir aucune sans son approbation : mais il aurait de la
mauvaise foi à laisser le temps à l'autre partie d'exécuter de son
côté un accord que l'on ne veut pas ratifier ». WATEL, *Liv. II,
Chap. XIV*, §. 212.

Or, il est de fait que S. M. n'a pas désavoué la convention du
3 juillet après en avoir eu connaissance. Eh ! comment ce bon
Roi aurait-il désapprouvé une convention qui lui a épargné la
douleur de ne trouver à la place de sa bonne ville de Paris, que
des décombres et un deuil universel ! N'est-il pas le petit-fils,
l'héritier du sang et des droits de ce Henri IV, de si chère mémoire, qui, faisant le siége de Paris en 1594, disait : « J'aime-
» rais mieux n'avoir point de Paris, que de l'avoir tout ruiné et
» tout désolé par la mort de tant de personnes. »

Non seulement S. M. n'a pas désavoué la convention du 3
juillet, mais on peut dire que son gouvernement en a souffert et
procuré l'exécution, en ce qui concerne la retraite de l'armée
derrière la Loire, la remise des armes de Paris et de Vincennes ;
qu'il en a réclamé l'exécution dans l'intérêt des monuments
dont la conservation était stipulée au profit de la ville de Paris, etc., etc.

Objectera-t-on que ces exécutions partielles ne portent pas
sur l'art. 12 ?—Nous répondrons, avec l'équité, que *les conventions sont indivisibles*, qu'on ne peut pas en scinder les dispositions, ni rejeter l'une en retenant l'autre, parce que toutes ensemble forment la condition générale sous laquelle on a contracté
et sans laquelle on n'aurait pas contracté.

Si MM. les généraux alliés n'avaient pas accordé l'article 12,
on se serait battu ; cinquante mille hommes, tant de part que
d'autre, eussent perdu la vie ; Paris eût fini par être pris, pillé,
brûlé, détruit : en traitant, on a épargné tous ces malheurs, et
si, pour les éviter, on a été obligé de souscrire à une amnistie
qui, au fond, ne peut profiter qu'à un très petit nombre d'individus, on a de quoi s'en consoler, en songeant à toutes les calamités qu'aurait entraînées inévitablement le rejet de l'art. 12.

Il semble d'ailleurs que la question aujourd'hui est résolue par
le traité du 20 novembre dernier, de manière à ne plus laisser
aucun doute.

« L'amnistie, dit Watel, est un oubli parfait du passé, et,
» comme la paix est destinée à mettre à néant tous les sujets de
» discorde, ce doit être là le premier article du traité. C'est aussi
» à quoi on ne manque pas aujourd'hui : mais QUAND LE TRAITÉ
» N'EN DIRAIT PAS LE MOT, L'AMNISTIE Y EST NÉCESSAIREMENT
» COMPRISE, PAR LA NATURE MÊME DE LA PAIX ». *Liv. IV.
Chap. II. §. 20.*

Pour qu'il en fût autrement, il faudrait donc une clause qui fît
exception à l'amnistie ; mais cette clause serait insolite, elle se-

rait cruelle, elle serait contraire à la paix, elle tendrait à substi-
tuer la guerre des individus à la guerre des peuples.

Aussi, le traité du no uovembre ne renferme aucune exception
de ce genre. Au contraire, on y trouve l'article suivant (qui est
le onzième), et qui porte que « le traité de Paris du 30 mai
» 1814, et l'acte final du congrès de Vienne du 9 juin 1814,
» *sont* CONFIRMÉS *et seront* MAINTENUS *dans* TOUTES *cell es de
» leurs dispositions qui n'auraient pas été modifiées par les
» clauses du présent traité.* »

Il en résulte par conséquent que l'article 16 du traité de Paris,
est CONFIRMÉ ET MAINTENU. Or, il consacre hautement l'amnistie, et nous en rapporterons le texte d'autant plns volontiers qu'il
a avec l'article 12 de la convention du 3 juillet une analogie de
rédaction bien propre à révéler que cette convention, comme le
traité lui-même, avaient en vue *d'éteindre toutes les haines en
prévenant toutes les réactions.*

Traité de Paris, du 30 mai 1814. Art. 16 : « Les hautes par-
» ties contractantes, voulant mettre et faire mettre dans un entier
» oubli les divisions qui ont agité l'Europe, déclarent et pro-
» mettent que dans les pays restitués et cédés par le présent
» traité, aucun individu, de quelque classe et condition qu'il soit,
» ne pourra être poursuivi, inquiété, ni troublé dans sa personne
» et dans sa propriété, *sous aucun prétexte,* ou à cause de *sa
» conduite ou opinion politique,* ou de son attachement, soit à
» aucune des parties contractantes, *soit à des gouvernements qui
» ont cessé d'exister,* ou pour toute autre raison, si ce n'est
» pour les dettes contractées envers les individus, ou pour des
» actes postérieurs au présent traité ».

On ne peut pas argumenter de ces derniers mots de l'art. 16,
pour en conclure que les faits reprochés au maréchal Ney, étant
postérieurs au traité du 30 mai, il ne peut pas s'en prévaloir.
— Car cet article 16, étant *confirmé et maintenu* par l'article 11
du traité du 20 novembre, c'est la même chose que si cet art. 16
y avait été textuellement inséré (1).

Or, supposons que l'article 16 du traité du 30 mai, ait été
textuellement inséré, ou comme le dit Watel, *transcrit mot à
mot* dans le traité du 20 novembre, il en résulterait que tous

---

(1) « Les traités anciens rappelés et confirmés dans le dernier, font
partie de celui-ci, comme s'ils y étaient renfermés et transcrits mot à
mot. » WATEL, *Liv. IV, Chap. II,* § 23.

les faits antérieurs au 20 novembre dernier sont compris dans l'amnistie.

Impossible de lui donner une autre interprétation, à moins de supposer qu'on n'a voulu conserver que les *termes* de l'article, en le privant de ses *effets* ; ce qui est contraire à toutes les règles d'interprétation des conventions en général (2), et en particulier des traités (3).

Ce qui prouve, d'ailleurs, qu'en faisant le traité du 20 novembre, les hautes puissances ont voulu, comme au 30 mai 1814, *mettre et faire mettre dans un entier oubli les divisions qui ont agité l'Europe ;* c'est que dans la note, qui porte la même date que celle du traité, après avoir fait des vœux pour que la tranquillité de la France ne soit plus troublée, les plénipotentiaires des quatre grandes puissances ont ajouté ce qui suit : « Les cabinets alliés trouvent la première garantie de cet espoir dans les principes éclairés, les sentiments magnanimes et les vertus personnelles de S. M. T. C. Sa Majesté a reconnu, avec eux, que dans un *État déchiré pendant un quart de siècle par des convulsions révolutionnaires*, ce n'est pas à la force seule à ramener le calme dans tous les esprits, la confiance dans toutes les âmes et l'équilibre dans les différentes parties du corps social ; que la sagesse doit se joindre à la vigueur, la modération à la fermeté, pour opérer ces changements heureux. Loin de craindre que S. M. T. C. prêtât jamais l'oreille à des *conseils imprudents ou passionnés, tendants à nourrir les mécontentements, à renouveler les alarmes, à ranimer les haines et les divisions,* les souverains alliés sont complétement rassurés par les dispositions aussi sages que généreuses que le Roi a annoncées dans

---

(2) « Lorsqu'une clause est impossible de deux sens, on doit plutôt l'entendre dans celui avec lequel elle peut avoir quelque effet, que dans le sens avec lequel elle n'en pourrait produire aucun. » *Code civ., art.* 1157.

(1) « On ne présume point que des personnes sensées aient prétendu ne rien faire en traitant ensemble, ou en faisant tout autre acte sérieux. *L'interprétation qui rendrait un article nul et sans effet ne peut donc être admise....* C'est une espèce d'absurdité que les termes mêmes d'un acte se réduisent à ne rien dire. Il faut l'interpréter de manière qu'il puisse avoir son effet, et qu'il ne se trouve pas vain et illusoire. » (*Le droit des Gens, par* WATEL, *Liv. II, Chap. XVII,* §. 283. — J'ai beaucoup cité WATEL ; je n'ai même cité que lui, parce que je n'ai pas eu le temps d'en consulter d'autre ; mais on est d'accord que c'est un des plus profonds Publicistes, et celui dont les principes sont les plus solides et les plus sûrs.)

toutes les époques de son règne, et notamment à celle de son retour, après le dernier attentat criminel. Ils savent que Sa Majesté opposera à tous les ennemis du bien public et de la tranquillité de son royaume, sous quelque forme qu'ils puissent se présenter, son attachement aux lois constitutionnelles promulguées sous ses propres auspices, sa volonté bien prononcée d'être le père de tous ses sujets, sans distinction de classe ni de religion, *d'effacer jusqu'au souvenir des maux qu'ils ont soufferts*, ET DE NE CONSERVER DES TEMPS PASSÉS QUE LE BIEN QUE LA PROVIDENCE A FAIT SORTIR DU SEIN MÊME DES CALAMITÉS PUBLIQUES. »

L'Europe a joint l'exemple au précepte : Buonaparte était l'ennemi du genre humain, il avait successivement ravagé tous les États de l'Europe; dans le premier mouvement d'indignation qu'excita son retour, il fut mis *hors la loi des nations*, et cependant les nations ont usé de clémence envers lui!

Et ceux qui ne furent que ses agents séduits, entraînés, périraient comme complices d'un attentat dont il fut le détestable auteur!

Non, tant de sévérité n'est pas dans nos mœurs; elle ne peut pas entrer dans les intentions paternelles de notre bon Roi :

> Du magnanime Henri qu'il contemple la vie :
> Dès qu'il put se venger, il en perdit l'envie.

Paris, ce 2 décembre 1815.

DUPIN.

BERRYER, *père.*

FIN DU TROISIÈME NUMÉRO.